电子商务专业新形态一体化系列教材

直播电商运营与管理

主　编　崔晓敏　郭活跃　邹开兰
副主编　代远志　李远祥　汪发亮
参　编　赵永惠　朱连涛　罗才英
　　　　朱剑波　陶宇星

北京理工大学出版社
BEIJING INSTITUTE OF TECHNOLOGY PRESS

内 容 简 介

本教材以"学生"为中心，采用"项目→任务→活动"的编写体例，通过活动巩固，由浅入深地融入直播电商的理论知识，并运用课后实训活动锻炼学生的实践技能。本教材共7个项目，包括走进直播电商、直播营销方案策划、做好直播准备、实施直播活动、直播间引流互动、直播电商物流与客户关系管理、数据运营。本教材根据人们对直播电商运营与管理的需求，结合实际情况，对直播电商运营与管理的知识进行了系统、全面的介绍。

本教材既可作为职业院校相关专业学生的教材，也可作为直播电商行业等从业人员的参考用书。

版权专有　侵权必究

图书在版编目（CIP）数据

直播电商运营与管理 / 崔晓敏, 郭活跃, 邹开兰主编. -- 北京：北京理工大学出版社, 2023.10
ISBN 978-7-5763-2981-0

Ⅰ. ①直… Ⅱ. ①崔… ②郭… ③邹… Ⅲ. ①网络营销 Ⅳ. ①F713.365.2

中国国家版本馆CIP数据核字(2023)第198884号

责任编辑：王梦春　　**文案编辑**：闫小惠
责任校对：周瑞红　　**责任印制**：边心超

出版发行 /	北京理工大学出版社有限责任公司
社　　址 /	北京市丰台区四合庄路6号
邮　　编 /	100070
电　　话 /	（010）68914026（教材售后服务热线）
	（010）68944437（课件资源服务热线）
网　　址 /	http://www.bitpress.com.cn

版 印 次 /	2023年10月第1版第1次印刷
印　　刷 /	定州市新华印刷有限公司
开　　本 /	889 mm × 1194 mm　1/16
印　　张 /	12
字　　数 /	200千字
定　　价 /	46.00元

图书出现印装质量问题，请拨打售后服务热线，负责调换

前 言

随着互联网和电子商务的快速发展,直播行业也呈现快速发展的态势,直播营销风靡整个营销界。直播最大的优势在于可以带给观众更直观的感受,而且可以做到实时互动,这是其他营销方式无法企及的。直播营销相对于传统营销来说,更容易吸引用户的关注,因而更容易提高商品和品牌的曝光率,进而促成销售。

党的二十大报告中提出,加快发展物联网,建设高效顺畅的流通体系,降低物流成本。加快发展数字经济,促进数字经济和实体经济深度融合,打造具有国际竞争力的数字产业集群。这让电商人对未来行业的发展充满信心。

作为当今新媒体时代的一种营销手段,直播营销无疑会给商家带来缓解经营压力和突破销量增长瓶颈的机会。越来越多的商家开始利用直播进行营销。但是,要想真正做好直播营销,就需要对该行业有充分的了解,掌握直播营销的相关理论和实操内容。此外,一些院校也开始纷纷开设与直播营销相关的课程,以满足企业对直播营销人才的迫切需求。

基于此,我们编写了本书,以更好地满足新媒体相关专业学生和相关从业人员的学习需求。本书根据人们对直播电商运营与管理的需求,结合实际情况,对直播电商运营与管理的知识进行了系统、全面的介绍。

本书具有以下特点。

1. 本书采用项目－任务的设计方式,以实际的直播流程为序安排教学内容,并依据"工学结合"的职业教育思想、职业成长规律,将各项目分解为若干任务。在任务活动难度的编排上,遵循先易后难的原则,先从简单的任务描述引出相关理论知识,再通过实践活动巩固理论知识,最后进行综合的合作实训提升学生的实践能力。

2. 本书按照"以学生为中心，以学习成果为导向，促进自主学习"的思路进行开发设计，弱化教材"教学材料"特征，强化其"学习资料"功能，将直播的流程作为主体内容，将相关理论知识点分解到每个任务中，并在每个任务后设置"任务评价"栏目，不仅便于对学生的掌握及操作情况进行评价，还便于在教学过程中运用"工学结合""做中学""学中做"和"做中教"教学模式，体现"教学做合一"理念。

3. 本书的每个任务均配有实践活动，每个实践活动均由编者精心设计，力求让学生通过实训进一步巩固和掌握所学的知识。

4. 本书特别关注思政教育在电商直播领域的应用。编者希望本书能够引导学生在电商直播实践中注重社会责任和道德规范，树立正确的价值观和职业道德观。通过本书的学习，学生不仅能够掌握电商直播的实践技能和营销策略，还能够树立正确的职业道德观和价值观，为未来的职业发展和社会责任履行打下坚实的基础。

本书由重庆工商学校崔晓敏、郭活跃、邹开兰担任主编，代远志、李远祥、汪发亮（马鞍山技师学院）担任副主编，赵永惠、朱连涛、罗才英、朱剑波（广东金伙伴控股有限公司）、陶宇星（马鞍山技师学院）参与编写。其中，项目1由崔晓敏编写，项目2由邹开兰编写，项目3由郭活跃、李远祥编写，项目4由代远志编写，项目5由赵永惠、朱剑波编写，项目6由罗才英、汪发亮编写，项目7由朱连涛、陶宇星编写。本书最后由崔晓敏统稿。

本书在编写过程中，参阅、借鉴并引用了大量国内外有关直播电商的书刊资料和研究成果，浏览了许多相关网站，在此深表感谢。

编　者

目录 CONTENTS

项目 1　走进直播电商 …………………………… 1

　任务 1　初识直播电商 ………………………………… 2
　任务 2　选择直播电商平台 …………………………… 12

项目 2　直播营销方案策划 ……………………… 21

　任务 1　厘清营销思路 ………………………………… 22
　任务 2　设计方案流程 ………………………………… 33

项目 3　做好直播准备 …………………………… 43

　任务 1　确定直播内容 ………………………………… 44
　任务 2　做好预热宣传 ………………………………… 57
　任务 3　配置直播资源 ………………………………… 66
　任务 4　设计直播脚本 ………………………………… 73

项目 4　实施直播活动 …………………………… 85

　任务 1　预热开场环节 ………………………………… 86
　任务 2　进行产品介绍 ………………………………… 93
　任务 3　促进下单转化 ………………………………… 100
　任务 4　做好直播收尾 ………………………………… 107

项目 5　直播间引流互动 ……………………… 115
任务 1　借助平台推广 ……………………… 116
任务 2　经营直播粉丝 ……………………… 133

项目 6　直播电商物流与客户关系管理 ……………… 145
任务 1　直播电商物流 ……………………… 146
任务 2　客户关系管理 ……………………… 153

项目 7　数据运营 ……………………… 161
任务 1　了解复盘知识 ……………………… 162
任务 2　分析直播数据 ……………………… 168
任务 3　总结直播经验 ……………………… 175

参 考 文 献 ……………………… 186

项目 1

走进直播电商

项目综述

A公司是一家从事某产品销售的公司，拥有线下实体店及线上C店3家，并建立直播团队。以电脑、手机等终端为主要媒体形式的新媒体跃居流量入口，成为主流流量媒体。A公司为了提高直播间的观看人数、关注转化率、弹幕转化率、打赏转化率、能力系数、当前粉丝数、综合能力值和回头转化率等，计划打造一个具有青春活力的直播团队，小青有幸成为公司直播团队成员。

（一）知识目标

1. 掌握直播电商的概念和特点。
2. 了解直播电商的发展历程。
3. 熟悉常见的直播电商平台。
4. 了解直播电商的岗位设置。

（二）技能目标

1. 能够熟练利用互联网搜集资料。
2. 能够熟练开展网络市场调研。

（三）素养目标

1. 树立团队合作意识。
2. 具备与时俱进的学习精神与创新精神。
3. 增强学生对专业、职业和创业的自信心。

任务1　初识直播电商

任务分析

小青刚进公司，认为应该先锻炼自己的能力，于是急切地想要上手工作。而职场经验丰富的企业教师则让小青不要操之过急，她首先安排小青整理一些关于直播电商的基础知识用于公司业务培训。这样做既可以让小青对直播电商有基本的认识，又可以让小青加深对直播电商的了解。

知识准备

1.1.1　了解直播电商

1. 什么是直播

当互联网尚未普及时，直播已在传统媒体出现，最为人所熟知的就是广播电视直播，而直播一词的定义最开始也是与广播电视媒体相结合的。《广播电视辞典》中对直播的定义是"广播电视节目的后期合成、播出同时进行的播出方式"。

一般来说，可以把直播划分为文字直播、图片直播、语音直播和视频直播等。在广播电视时代，直播多以语音或视频直播为主，如交通广播实时路况播报、电视《新闻联播》直播等；而到了互联网时代，直播则以图文直播为主，如直播体育赛事、新闻现场报道等；在迅猛发展的新媒体时代，直播则主要是视频直播形式。

2. 什么是直播电商

直播电商，简单来说就是直播和电商相结合，通过直播营销手段开展电商活动，直播是手段，营销和销售才是目的。

区别于泛娱乐直播，直播电商是一种购物方式，在法律上属于商业广告活动。例如，在直播过程中，主要岗位上的主播对具体直播行为需要承担"广告代言人""广告发布者"或"广告主"等相关责任。

3. 直播电商的分类

1）按照直播形态分类

按照直播形态的不同，直播电商可分为卖货型直播、场景引入型直播、教学型直播和供应链型直播四种类型。

其中，卖货型直播侧重销售数据的考核，常见的有工厂秒杀、珠宝玉石、鞋服箱包、美妆护肤等直播；而以展示产品使用功能为主，比如直播运动健身、厨具、家居和家具等称为场景引入型直播；以课程教学内容为主，比如乐器类、教具类等直播称为教学型直播；以展示果园、水产、珍珠和户外等场地制作工艺为主的直播，称为供应链型直播。

2）按照直播产品来源分类

根据直播产品来源的不同，直播电商可分为企业直播和达人直播两类。

企业直播，又称商家自播，多见于淘宝、拼多多等电商平台。商家自播往往依托于自有品牌，直播产品主要为自家产品，用户多为品牌粉丝，注重品牌的动态与新品发布。

达人直播，常见于淘宝、快手、抖音等电商平台。达人主播拥有庞大的自有粉丝量，直播产品多样化，品类颇为丰富，内容生产能力强大，粉丝对主播的信任度较高。

4. 直播电商的特点

1）实时性

直播电商与其他电商营销方式最大的区别在于其实时性，直播过程与交易活动的发生、发展同步进行。在以往的电商网购中，用户接触的信息都是经过商家事先包装、拍摄、图文设计并美化的，而直播的出现使信息不再滞后，实现实时传递。

2）互动性

直播电商可实现实时互动，具有很强的互动性。在直播过程中，观众通过直播平台可以与主播或其他观众进行实时交流，出现问题时也可及时向主播或其他观众提问，以便获得更多相关信息。

3）真实性

直播电商营造的是一种开放性场景化的对话方式，主播实时分享，除了表情、语言和动作外，还将所处的环境、氛围传递给观众，构建了接近日常对话的真实感，增加可信度，基本达到"所见即所得"的效果。

4）商业性

直播电商具有非常强烈的商业性，它主要是商家为引导消费、促进销售的一种辅助手段，最终目的是将观众的注意力转化为购买力，实现成交转化。

5. 直播电商的优势

直播电商之所以受到越来越多企业的青睐，主要是因为其具备以下优势。

1）信息真实直观

与传统电商营销方式相比，直播电商使商品展现更直观，其不再是承载效率低、阅读体验感差的图文形式，而是以更加立体、感性的方式展现信息，给观众更好的视觉体验，为观众提供"所见即所得"的真实体验感。

2）内容生动有趣

直播电商是消费行为娱乐化的表现，本质上是一种商品消费与内容消费相结合的新模式，这种新模式为网络购物带来了趣味性。

3）情感信任

直播形式为网络购物注入了情感属性，能够在主播与消费者之间建立信任关系。主播在直播时开展观众喜欢的活动，通过内容输出来增强与消费者的情感联系，形成信任关系。

4）供应链价格

直播电商往往具有明显的价格优势，这种价格差异源于直播电商的供应链优势。相比终端零售，直播电商供应链层级少，直接对接品牌方和大经销商，通常可以做到全网较低的独家折扣。

实践活动

1. 实践要求

归纳、对比直播的表现形式。

2. 实践步骤

通过互联网搜索不同表现形式的直播案例，将直播来源（网站或APP）、直播内容及优缺点填入表1-1。

项目 1　走进直播电商

表 1-1　直播表现形式分析

表现形式	直播来源	直播内容	优缺点
文字直播			
图片直播			
语音直播			
视频直播			

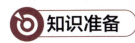

知识准备

1.1.2　了解直播电商岗位

1. 直播电商的岗位认知

直播电商不是某一个人的电商，所有的主播背后都有扎实的直播团队。

一般来说，一个较为成熟的直播团队需要设置现场直播总导演、主播、副播、客服、策划、场控、渠道销售等岗位。当然也可根据自身情况来设置团队，最少可由两个人组成，一个主播，一个负责运营和客服等相关工作。

2. 直播电商岗位设置及工作职责

一个完整的直播团队，各个岗位都做些什么工作呢？

举个例子，对于一个由五六个人组成的直播团队来说，岗位设置与工作职责可以参考如下。

岗位 1：现场直播总导演

该岗位也就是领导人、决策人，带领大家开展每一次的直播，详细记录问题和解决方案，不断迭代直播中的每一个小细节和问题；分配每个岗位的具体工作；由于直播规则和播放方式变化非常快，现场直播总导演需要密切关注行业的发展变化，不断为团队注入新鲜血液。

岗位 2：主播及副播

该岗位各配置 1 人：主播负责直播、互动、导购和策划工作，副播负责协助主播、策划、直播间预告工作。

主播需要通过直播向客户提供产品信息并引导客户购买，以及在直播期间调动粉丝的情绪，确保直播间的热度。

开播前，主播要尽可能地熟悉整场直播的节奏、产品特性、脚本、利益点等，只有这样，在开播之后介绍产品才能更加流畅，个人转化能力才能提升。

直播过程中，主播需要注意活跃直播间的气氛，做好粉丝的答疑、和粉丝之间的互动，引导新粉丝关注，时刻注意自己在镜头前的表现。

下播之后，在店铺的其他渠道呈现主播信息，同样也是很重要的，比如店铺主图、店铺首页海报、店铺群等渠道。主播需要提升个人曝光度，塑造个人的IP[①]形象，有效增加粉丝黏性。

副播的作用是当主播有事需短暂离开时，要立即顶上去。此外，对于一些活动规则，当主播无法宣布时，就由副播来完成。副播，也称助播，其实就是主播助理，偏向于辅助性工作。

副播在开播之前需要确认货品、样品以及直播道具的准备是否就位。直播过程中要配合场控去协助主播，当观看人数比较多时，要辅助主播进行互动答疑、讲解以及货品整理等工作。

岗位3：场控

该岗位配置1人。场控负责配合互动、释放权益、产品上下架、直播间调试，密切关注直播客户的弹幕，总结客户的问题，反馈给主播，或直接发言，帮助客户解决即时问题。

例如，当场控在弹幕区域看到许多客户的反馈是希望看到下一个链接时，场控就可以通过纸条、卡片等方式向主播示意，并帮助主播一起营造气氛。

由于大多数客户在观看直播时都会不耐烦，主播可能因专注于解释产品而不关注弹幕区域。此时，场控人员将发挥重要作用。

场控可以直接回答客户提出的具体问题，例如162厘米的身高、80公斤的体重穿什么尺寸的衣服，场控人员便可直接发言并告诉他，协助锚定。简而言之，直播室不能沉默下来，哪怕是迟疑片刻也不可以。

岗位4：策划

该岗位也称文案，配置1人。策划的工作是负责产品内容、促销脚本、直播脚本及内容的制作和分发。

[①] IP，网络流行语，直译为"知识产权"，在互联网已引申为所有成名文创（文学、影视、动漫、游戏等）作品的统称。

策划根据主播人设、商品撰写直播策划方案，即直播剧本，确立主题。根据主题去确定产品、开播时间、持续时长，针对不同的粉丝属性和分层制订不同的福利方案。

岗位5：渠道销售

该岗位配置1人。渠道销售人员负责产品招商、佣金管理、对接店铺、产品信息整理等。

在选品上需要与管理层、采购部门进行沟通，确定产品策划内容以及库存情况，再与主播及副播沟通直播脚本、促销活动的设计，并且在直播前策划好预告内容，与副播对接进行分发，直播结束以后再与场控配合整理内容，以便于二次分发或直播复盘。

岗位6：数据分析

该岗位配置1人。数据分析岗位的工作内容是负责数据收集、数据分析，针对发现的问题提出优化建议。优秀的数据分析人员具有敏锐的洞察力，例如发现直播间流量不理想时，可以合理增加投放预算。但数据分析人员不仅仅停留在这么简单的问题上，而要能从某一个直播节点，联系到整体直播项目，对整个直播策划提供全局优化建议。

数据分析工作看起来就如流水线的最后一道工序，对数据进行收集分析，既兼顾整体又能细分到每个点，以提供优化建议，也就是直播复盘。

以上是对直播团队架构的岗位设置、工作职责以及协同工作的介绍，在实际工作中，这支团队的人数不是固定不变的，而是非常灵活的，可根据公司的预算和规模进行设置。

实践活动

1. 实践任务

开展直播电商岗位的市场调研。

2. 实践要求

（1）了解所在区域用人市场存在哪些直播电商岗位。

（2）了解各直播电商岗位的工作职责及任职要求。

（3）了解直播电商岗位对求职者的思想素质方面有哪些考量。

3. 实践步骤

步骤1：打开浏览器，进入招聘网站。

步骤2：输入关键词查询直播电商相关岗位，分别筛选出"北京""上海""深圳""广州"等城市的"岗位数量"，将结果填入表1-2中。

步骤3：在招聘网站上选取三个与直播电商相关的岗位，将"岗位名称"与"岗位要求"填入表1-2中。

步骤4：分析搜索的结果，做出总结。

表1-2 直播电商岗位网络需求情况分析表

网站名称	岗位名称	岗位数量	岗位要求（写2～5条）
总结：			

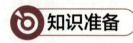
知识准备

1.1.3　分析直播电商岗位要求

近年来，随着移动信息技术的发展，直播电商等互联网应用得到突飞猛进的发展，大小公司也好，草根也罢，通过直播进行营销销售的比比皆是，好一派风生水起的新景象。

对于直播电商的岗位名称，各地说法会略有不同，下面我们梳理一些主要的直播电商岗位名称及要求，如表1-3所示。

表1-3 直播电商岗位名称及要求

岗位名称	岗位要求
摄影	（1）负责视频和图片拍摄，与编导共同制订拍摄方案，独立完成拍摄任务； （2）负责拍摄现场灯光、布景的搭建等拍摄前期准备工作； （3）配合后期完成视频和图片的处理
美工	（1）负责产品的图片处理、编辑、美化、设计等工作； （2）负责网店风格及产品展示设计，以及图片制作及美化、整体布局、活动广告和相关图片的制作； （3）负责对活动海报、产品手册进行美工设计

续表

岗位名称	岗位要求
主播	（1）负责整场直播主持，是直播间的主要角色； （2）依照公司的安排完成日常直播活动和直播复盘，配合直播运营、场控等其他工作人员的工作； （3）与观众互动，引导粉丝下单转化，活跃直播间的气氛，维护直播秩序； （4）对自己的微博、微信、QQ粉丝群进行维护； （5）配合公司所提供的培训及其他宣传活动，努力提高才艺和直播技巧，树立正能量主播形象
助播	（1）协助主播推进直播进度，配合主播讲解各产品的卖点和活动机制； （2）活跃直播间的气氛，促成销售转化； （3）熟悉平台管理规则，配合主播避免出现违规操作及用语，应对突发情况； （4）协助主播在开播前做好直播准备，在下播后收拾整理场地
渠道销售	（1）负责直播电商的整体统筹； （2）进行日常以及直播间维护，做好直播数据统计分析； （3）负责直播间产品招募以及商家对接； （4）提升直播间播出质量，维护直播间粉丝； （5）与直播平台的官方资源对接； （6）负责主播人设、内容构架和热点话题的组织策划
场控	（1）负责直播店铺的产品对接、日常直播产品的链接编辑和上下架； （2）协助主播做好开播前的准备工作； （3）辅助调控主播所需要的监控屏幕及灯光等设备，配合主播介绍产品和营造良好气氛； （4）对直播间互动场景进行有效的引导管控，及时发公告和回复粉丝问题，维持直播秩序； （5）完成直播后台的场控和推流、预告发布，监控直播后台和店铺后台的数据
策划	（1）负责编辑和发布公司日常文案，进行活动策划； （2）配合运营，对接具体任务需求，完成项目合作方案； （3）负责项目宣传物料文案、海报、落地页等内容的构想，提升产品展现力； （4）协助美工，共同完成物料的最终稿
现场直播总导演	（1）负责收集整理直播素材； （2）把握直播风格，撰写脚本，熟悉直播流程； （3）组织拍摄和录制，负责现场的调度与控制； （4）跟进后期制作，督促及配合后期工作； （5）监控直播全过程，保证直播质量
短视频剪辑	（1）负责短视频内容的剪辑处理，调度与控制拍摄现场； （2）挖掘视频中的亮点并进行编排剪辑； （3）根据后期视频的类型及需求，对制作包装风格进行优化； （4）管理和维护后期制作设备

续表

岗位名称	岗位要求
客服	（1）负责收集客户信息，了解并分析客户需求，规划客户服务方案； （2）熟悉产品属性和优惠信息，及时解答直播间观众遇到的各种问题，提升客户对公司服务的体验感； （3）负责进行有效的客户管理和沟通，了解客户期望值，跟进回访客户，提高服务质量，负责维护好客户关系； （4）负责客户相关数据的收集和维护

实践活动

1. 实践任务

写出直播电商岗位要求。

2. 实践要求

（1）结合职业生涯规划，选择自己最喜欢、最关注或最关心的直播电商岗位，列出该岗位有哪些要求。

（2）树立正确的人生观、价值观和事业观。

3. 实践步骤

从热门的岗位中挑选出一个自己最喜欢、最想要从事的岗位，设想一下自己在实习时有机会从事该岗位，应该如何快速适应该岗位。尝试将所需要的岗位要求写出来。

任务评价

在学习完本任务后，参考表1-4和表1-5对本任务的完成情况进行评价。

表1-4　学生自我评价

课程：_____ 姓名：_____ 班级：_____ 学号：_____

评价内容	自我评价		存在的问题
	我会了	我还有问题	
是否了解直播电商			
是否掌握直播电商岗位要求			

项目 1　走进直播电商

表 1-5　教师评价

班级		学号		姓名	
出勤情况					
评价内容	评价要点	考查要点		分值/分	得分
查阅信息	任务实施过程中文献查阅	①是否查阅信息资料 ②正确运用信息资料		15	
互动交流	与同学交流、互动	①积极参与交流 ②主动接受教师指导		20	
任务完成情况	是否了解直播电商	对直播电商有初步的认识		40	
	是否掌握直播电商岗位要求	基本掌握直播电商岗位要求			
素质目标达成度	团队协作	根据情况，酌情赋分		25	
	自主探究	根据情况，酌情赋分			
	学习态度	根据情况，酌情赋分			
	课堂纪律	根据情况，酌情赋分			
	出勤情况	缺勤一次扣 5 分			
总分				100	

任务2　选择直播电商平台

任务描述

小青所在的 A 公司是某职业院校的校企合作公司，该公司的线下实体服装店拟通过校企合作，开展直播电商项目，推广与销售商品。接到该项目后，指导教师便着手布局工作，先是选择直播电商平台，因直播电商平台众多，一时难以选择，于是指导教师安排小青搜集相关资料，并提出选择平台的参考意见。

知识准备

1.2.1　了解常见的直播电商平台

1. 直播电商平台的分类

随着直播技术的进步，各行业开始入驻直播平台，其中电商行业走在最前列，直播电商已经成为一种常态。按照直播平台属性不同，直播电商平台主要分为两大类。

一类是以"电商"为主的直播平台，主体是电商平台。这类平台以淘宝为首，主要是通过在电商平台上开通直播间，引入内容创作者，直播类型是以电商为主，直播为辅。

另一类是以"内容"为主的直播平台，主体是内容平台。这类平台以抖音和快手为主，主要是通过接入第三方电商平台来布局"直播＋电商"的运营模式，直播类型是以内容为主，电商为辅。

2. 直播电商平台的介绍

1）以"电商销售"为主的直播平台——淘宝直播

早在 2016 年 5 月，阿里巴巴就推出淘宝直播平台，定位于"消费类直播"，用户可边看边买，最早的用户人群主要为女性，涵盖的范畴包括母婴、美妆、美食等品类。如图1-1所示，一名主播正在淘宝直播间展示榴莲皮薄肉厚。伴随着淘宝直播平台的上线，内容生产者、达人、网红店主、ISV（Independent Software Vendors，独立软件开发商）的积极参与，"内容＋电商＋服务"新生态呈现前所未有的活力。

图1-1 淘宝直播间

淘宝直播第一批主播主要来自淘宝生态体系内部，前期基本上是从淘女郎转化而来。在2016年3月平台内测期间，淘宝官方邀请了一批形象气质佳、粉丝数量高、具有较强带货能力的淘女郎到淘宝总部进行直播培训，部分带货能力强的淘女郎在此期间也开始陆续入驻淘宝直播。

2020年2月，淘宝直播加速推进直播电商，鼓励所有线下商家都能零门槛、免费开播，甚至没有淘宝店也能先开通淘宝直播。当月新开播商家数量比1月飙升719%，超过100种不同职业的人在一个月内转战淘宝直播间。

2）以"内容生产"为主的直播平台——抖音直播

抖音是由今日头条孵化的一款音乐创意短视频社交软件，于2016年9月上线，是一个面向全年龄的短视频社区平台。

2017年，抖音直播开始上线，开播门槛较高，抖音粉丝在5万以上的达人才有开播权限，但随后开直播的门槛越来越低。

2018年3月，抖音与淘宝打通合作，一些百万级以上的抖音号开始出现购物车按钮，点击后就可出现商品推荐信息，能够直接链接淘宝。接着，抖音又为部分达人开通了商品橱窗链接，用户可进入达人的个人店铺购物。同年12月，抖音正式开放购物车功能，在直播间或者短视频的底部有购物车（小黄车）按钮，如图1-2所示。自此，抖音正式踏入"短视频+直播"电商之路。

抖音的飞速发展吸引了大量商家入驻，抖音对淘宝等电商平台来说，已经从引流平台逐步变成了分流平台。抖音不希望站内流量过多转移到淘宝、京东等第三方平台。2020年6月，抖音成立电商部门，开发出"抖音小店"，此后，抖音直播正式切断与第三方电商平台的合作。

图1-2 抖音直播间

实践活动

1. 实践任务

探索主流直播平台——抖音。

2. 实践背景

党的二十大报告指出，要发展乡村特色产业，拓宽农民增收致富渠道。巩固拓展脱贫攻坚成果，增强脱贫地区和脱贫群众内生发展动力。目前，各乡村正在抢抓数字时代新机遇，培育带动大批本土主播，为本地农产品找到一条"出村进城"的新途径。

项目 1　走进直播电商

3. 实践要求

（1）按规则进行分组，并下载 APP。

（2）小组协商进入某品类的直播间，共同填写体验报告。

（3）树立商务诚信意识与创业精神。

4. 实践步骤

步骤 1：四人为一组，在手机应用商店中下载抖音 APP。

步骤 2：安装成功后，单击进入抖音直播，单击进入"更多直播"。

步骤 3：选择进入"购物"直播频道，小组讨论后任选一个助农直播间并进入观看，从观众的角度观看一个完整的农产品直播介绍。

步骤 4：填写直播观看体验报告（见表 1-6）。

表 1-6　直播观看体验报告

1. 基本情况				
直播间名称		标签	
粉丝数		带货口碑	
简介				
2. 直播情况				
主播人数		在线观看人数	
单场直播商品数		1号链接商品名称	
3. 直播内容（讲解商品）				
商品特点				
商品特色				
促销活动				
4. 体验想法				
（从直播电商特点的角度分析）				

知识拓展

1. 快手直播

人们在注册快手账号的同时可以免费开通商家号。免费开通商家号的方式有两种：一是通过关注快手"商家号小助手"开通；二是通过关注"快手商家号"微信公众号开通。快手商家号拥有很多功能，如作品推广、商家课堂等。如果能完成企业认证，还能享受功能升级，如作品推广充值优惠、自动获得门店等。如果注册者是个体，就能在通过实名认证之后申请开通快手小店。

2. 拼多多直播

普通用户可以在拼多多APP中进行直播，具体方法如下。

（1）打开拼多多APP，进入"个人中心"界面，单击头像，进入"我的资料"界面。

（2）在"我的资料"界面中找到"多多直播"功能。

（3）在直播页面中，单击"开始直播"按钮。

（4）单击直播画面右上角的齿轮形标志，即可对受邀代播、切换镜头、关闭镜像、关闭麦克风、开启闪光等功能进行设置。

任务评价

在学习完本任务后，参考表1-7和表1-8对本任务的完成情况进行评价。

表1-7　学生自我评价

课程：_____　姓名：_____　班级：_____　学号：_____

评价内容	自我评价		存在的问题
	我会了	我还有问题	
是否了解直播电商平台的分类			
是否对常见的直播电商平台有了初步认识			

表1-8　教师评价

班级		学号		姓名	
出勤情况					

项目 1 走进直播电商

续表

评价内容	评价要点	考查要点	分值/分	得分
查阅信息	任务实施过程中文献查阅	①是否查阅信息资料	15	
		②正确运用信息资料		
互动交流	与同学交流、互动	①积极参与交流	20	
		②主动接受教师指导		
任务完成情况	是否了解直播电商平台的分类	对直播电商平台分类有初步的认识	40	
	是否对常见的直播电商平台有了初步认识	基本了解常见直播电商平台		
素质目标达成度	团队协作	根据情况，酌情赋分	25	
	自主探究	根据情况，酌情赋分		
	学习态度	根据情况，酌情赋分		
	课堂纪律	根据情况，酌情赋分		
	出勤情况	缺勤一次扣 5 分		
总分			100	

项目总结

本项目是学习直播电商最基础也是最重要的一步，将为接下来直播电商其他项目的学习做铺垫。通过本项目的学习，同学们要掌握直播电商的概念、特点和优势，了解直播电商的发展历史，认识目前具有代表性的直播电商平台；同时，通过校企合作单位组建直播团队的机会，了解企业对直播电商人才的岗位要求和职业素养要求。这些知识将为今后的直播电商学习打下扎实的理论基础。

理实一体化习题

一、单项选择题

1. 直播电商往往具有明显的价格优势，这种价格差异源于直播电商的（　　）。

A. 内容优势

B. 信息优势

C. 信任优势

D. 供应链优势

2. 下面具备视频直播功能的平台是（　　）。

A. 斗鱼直播

B. 映客直播

C. 淘宝直播

D. 以上都是

3. 直播过程完全与交易活动的发生、发展同步，体现了直播的（　　）。

A. 真实性

B. 实时性

C. 互动性

D. 商业性

4. 确立直播相关的工种，市县乡领导扶植当地的农产品直播产业，属于（　　）层面。

A. 消费

B. 技术

C. 政策

D. 行业

二、简述题

1. 谈谈"直播电商"给传统电商带来的影响。

2. 简述直播电商的发展历程与趋势。

3. 简述一场完整的电商直播流程。

三、实训题

观看一场电商直播。

实训要求：在抖音观看一场电商直播，至少30分钟。观看直播之后，根据表1-9的测评内容谈一谈自己对直播销售商品的认识，其中，测评内容中的"直播效果"可从该场直播的观看人数变化情况、用户对商品的询问情况、用户对互动活动的询问情况等方面进行衡量。

表 1-9 观看电商直播小测评

序号	测评内容	影响比例（100%）
1	主播的个人形象对直播效果的影响	
2	主播的语言表达对直播效果的影响	
3	直播间的互动活动对直播效果的影响	
4	商品价格对直播效果的影响	

实训报告：完成实训操作后，需提交实训报告。实训报告包括开始观看时与结束观看时的直播画面截图，以及直播观看体验报告。

实训评价：根据实训过程及实训报告进行评价，如表 1-10 所示。

表 1-10 实训评价

评分内容	评价标准	分值/分	自评	师评
进入直播频道	每错一次扣5分，超过4次不得分	20		
至少观看30分钟的电商直播	每少1分钟扣3分	30		
对直播销售商品有初步认识	能够准确说出销售商品的特点，每错一处扣5分	50		
合计		100		
体会与收获：				
教师点评：				

项目 2

直播营销方案策划

项目综述

2020年以来,直播行业迎来发展新机遇,直播卖货异常火爆。每一场成功的直播活动背后都有明确的营销目标,那么如何将企业营销目标巧妙合理地融入直播的各个环节中?要回答这一问题,首先需要掌握直播整体流程策划的相关知识。在完整合理的思路指导下,直播营销才能更有效地达到企业总体营销目标。

(一)知识目标

1. 了解直播营销方式及技巧。

2. 掌握直播电商的目标分析技巧。

3. 掌握直播营销方案策划的步骤及方法。

(二)技能目标

1. 能够开展市场调研与基本的调研数据分析。

2. 能够进行直播案例分析。

3. 能够进行直播营销方案策划。

(三)素养目标

1. 树立团队合作意识。

2. 具备与时俱进的学习精神与创新精神。

3. 激发对直播电商职业岗位的兴趣。

任务1　厘清营销思路

任务描述

在校企合作部指导教师的安排与指导下，小青掌握了更多的直播电商基础知识，但是对于如何成功策划一场直播活动还是一头雾水。于是，指导教师引导她进一步学习，厘清营销思路，主要学习内容是分析直播营销目标、选取直播营销方式和组合直播营销策略等方面的知识。

知识准备

2.1.1　分析直播营销目标

1. 直播产品分析

为了能更好地将产品价值传递给屏幕前的观众，直播前必须对产品进行全面的分析，梳理出产品的优势、劣势，提炼产品描述的关键词，便于在直播间快速、有效地向观众传递价值，促成交易。一般来说，可以从产品外观和产品功能两大维度进行直播产品分析，具体如表2-1所示。

表2-1　直播产品分析维度

分析项目	分析维度	
	产品外观	产品功能
考量指标	形状、尺寸、结构、材质、成分等	效果、口味、容量、操作性能等
某品牌眼部精华	通过对产品包装材质、标志、说明等的分析得到关键词	通过对产品功能和效果的分析，得到关键词
提炼关键词	包装高端大气、材质安全等	抗衰老、补水、去皱等

2. 直播用户分析

不同的产品有不同的潜在消费群体,店铺在直播间要达到直播目标,必须对直播用户进行分析。通过对用户细分,了解购买需求及用户行为特征,构建目标群体画像,针对主要顾客群体的行为特征和直播间观看状态,可更有针对性地制订直播间的促销活动方案。直播用户分析包括用户细分分析和用户群体分析,如图2-1所示。

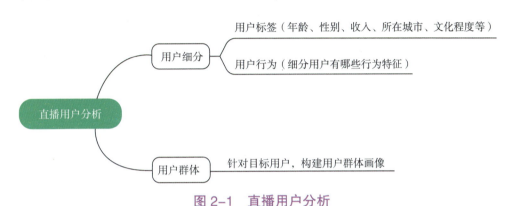

图 2-1 直播用户分析

首先进行用户细分分析,包括用户标签分析及用户行为分析两个维度(见表2-2)。

表 2-2 用户行为分析两个维度

分析项目	分析维度	
	用户标签分析	用户行为分析
考量要点	1.用户标签分析,又称用户属性分析,可从用户性别、年龄、收入、所在城市和文化程度等因素进行分析 2.用户属性特征是用户分析的基础,又分为固定属性和可变属性 3.重点对用户年龄、性别与所在地域进行分析	1.分析用户行为特征,模拟用户行为路径,在用户每一步行为过程中设计营销卖点 2.重点分析用户需求及其观看直播的心理状况
举例	1.固定属性特征,即伴随用户一生的固定标签,如女性、出生于广州、汉族等 2.可变属性特征,即在短时间内用户保有的特点标签,如未婚、本科学历等	如"60后""70后""80后""90后"等各自的行为特征各不相同,要研究他们在直播场景下的行为特征

然后通过用户标签、行为特征等数据信息去划分目标用户,进而构建目标用户群体的画像。

3. 目标用户群体画像的方法

(1)通过实地访谈法,根据公司主营业务,就"服装"这一话题访谈生活中熟悉的人,并把谈话内容按样例进行整理(见表2-3),搜集一线数据。

表 2-3 整理样例

样例	实地访谈
姓名：李某 籍贯：湖南 年龄：42岁 学历：高中文化 工作：目前和家人在广州做副食品生意 家庭状况：儿子读大学 购房情况：在广州贷款购房一套 购车情况：面包车一辆，用于送货 家庭年收入：30万元左右 买服装年限：20年以上 购买原因：买给自己、儿子、丈夫和老人，或者用于送礼 媒体接触：微信使用频繁，看网络直播，网上歌房唱歌，晚上偶尔看看电视，喜欢看家庭剧，不看新闻，偶尔跳广场舞，几乎不用QQ 未来愿望：身体健康，有能力就帮儿子准备一些启动资金，再挣几年钱就回老家照顾老人	

（2）参照导师的样例，整理受邀访谈者的自述材料，并填写表2-4。

表 2-4 整理自述材料

样例	实地访谈人
买服装典型人群自述 　　我买服装有很多年了。工作以来，我的衣服都是自己买。结婚后，儿子从小到读高中之前的衣服都是我买的，老公的衣服基本上都是他自己买。我也会帮家里老人买衣服，特别是现在公公婆婆、爸爸妈妈年龄越来越大，每年换季，我都会给他们买新衣服替换。 　　至于去哪里买，以前我比较喜欢在附近的商场、步行街服装店里购买。但近年来我几乎是在网上购买衣服，在手机上选好，手机上付款，等几天快递就送到家里了，特别方便。偶尔也有因为尺寸、颜色和质量问题退换货的情况，但总体来说，在网上购买衣服还是很实惠的。 　　现在每天做生意之余，我会刷手机，看视频，趴直播间，有娱乐的，有搞笑的，也会看卖货的，最近还在直播间买了那种纸皮核桃。 　　我的朋友、闺蜜也跟我差不多，现在基本上是趴直播间了，一趴就是几个小时，不得了。 　　我对现在的生活感觉还是比较满意的，等再挣几年钱，把儿子培养出来，给儿子储备一些启动资金，就想回老家休息了。	

（3）参考消费者画像标签（见图2-2），给访谈对象贴上标签，并绘制在下框中。

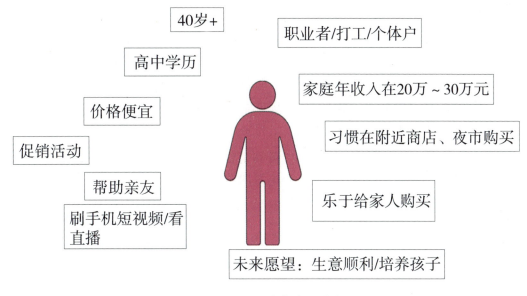

图 2-2　消费者画像标签

4. 企业营销目标

直播目的必须服务企业的市场营销目标才能使企业效益整体提升。直播目的不是一成不变的，而是需要根据企业在不同阶段、不同情况下的市场营销目标做出调整。运用 SMART 目标管理模型（见表 2-5）可以帮助企业科学合理地确定直播目的。

表 2-5　SMART 目标管理模型

SMART 原则	具体含义	例子
S（Specific）具体成果	具体、明确的可以用语言表述的目标	"借助直播增加知名度"不是具体目标，而"借助直播增加关注量和评论数"是具体目标
M（Measurable）可度量	目标可以用数据衡量	"借助直播平台大幅提升销售额"是不可度量目标，而"利用直播平台实现100万元销售额"是可度量目标

续表

SMART 原则	具体含义	例子
R（Relevant）相关性	此目标与其他目标的相关性	企业电商管理部门除了直播任务，还有网站运营、微信公众号运营等相关职能任务，直播目标设置为"公众号流量24小时内提升30%"是有相关性的，而"生产的瑕疵品概率下降至5%"是没有相关性的
A（Attainable）能达到	目标是可实现的，避免设立过高或过低的目标	上场直播活动观看人数为3万人，这次将观看人数目标设定为30万人，这是过高的目标
T（Time-bound）时限	完成目标的期限	"新品销售10万件"是没有时限的，而"直播结束36小时内新品销售10万件"是有时限的

5. 直播目的确定

通过对直播产品、直播用户及企业营销目标的分析，确定企业直播目的。例如，这里以某品牌眼部精华为例确定直播目的，如图2-3所示。

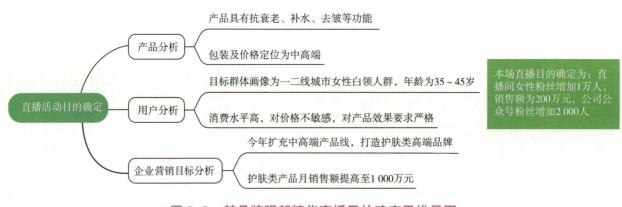

图2-3 某品牌眼部精华直播目的确定思维导图

实践活动

实践活动（一）

1. 实践任务

进行直播产品分析。

2. 实践步骤

步骤1：四人为一组，在淘宝上选择两款感兴趣的产品作为分析对象。

步骤2：对产品从外观、功能等维度进行分析，提取关键词，将分析结果填入表2-6中。

步骤3：小组代表展示分析结果。

项目 2　直播营销方案策划

表 2-6　直播产品分析

序号	产品名称	产品分析		关键词
		外观分析	功能分析	
1				
2				

实践活动（二）

1. 实践任务

进行直播间用户分析。

2. 实践步骤

步骤 1：四人为一组，在淘宝直播间搜索"女童汉服"和"小家电"直播间。

步骤 2：每类产品任选一个直播间进行用户分析（见表 2-7）。

表 2-7　直播间用户分析

主营产品	主要用户群分析
	潜在用户：
	用户标签：
	购买行为特点：
	潜在用户：
	用户标签：
	购买行为特点：

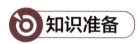

2.1.2　选取直播营销方式

1. 直播营销方式

　　店铺在进行直播前需根据产品的特点设计直播内容，并选择合适的方式将产品的价值有效地传达给观众，提高品牌知名度或销售额。常见的直播营销方式有颜值营销、明星营销、稀有营销、利他营销、才艺营销、对比营销、采访营销等，具体如表 2-8 所示。

表 2-8 常见的直播营销方式分析

直播营销方式	内涵	举例	注意事项
颜值营销	选择适合大众审美的主播，容易吸引更多粉丝观看，而大量的粉丝观看则会带来巨大的流量	某护肤类产品邀请皮肤较好的主播进行直播带货	主播需要提前掌握产品的亮点，有较好的语言表达能力，富有正能量
明星营销	邀请明星出现在直播间参与推广活动	北京密云一工厂邀请某汽车明星代言人直播卖车活动	根据产品受众特点，在预算范围内找到最适合的明星
稀有营销	适用于拥有独家信息渠道的企业，其中包括独家冠名、知识产权、唯一渠道等	某手机新品在直播间独家限量首发	门槛费用较高
利他营销	主要表现为知识的分享和传播	某彩妆类品牌直播间的主播通过现场使用产品向观众展示化妆技巧，让观众学习美妆知识的同时推广产品	主播对产品的特点性能、使用技巧要十分娴熟
才艺营销	主播通过直播间展示才艺，同时呈现展示才艺时所使用的工具类产品	主播在直播间使用空灵鼓表演才艺，同时展示了产品的性能及使用方法	主播的才艺要过硬
对比营销	企业通过与竞品或自身换代前的产品进行对比，利用差异化展示产品优势	手机品牌直播间主播用新品与上一代手机产品进行对比，以此突出新品的优势	选取适合的对比产品
采访营销	主持人通过采访的形式，用他人的观点突出产品的特点	保健类产品直播间主播邀请医学专家到直播间进行健康知识普及	对主持人综合控场能力要求高

2. 选取合适的直播营销方式

要选取合适的直播营销方式，首先要了解网络消费者的购买行为习惯。从网购消费者心理方面分析，从接触某产品到购买某产品，通常会经历听说、了解、判断和下单四个阶段。对照这四个阶段，结合企业营销目标，在直播营销时选取合适的营销方式，做到推广新品，提高曝光率；讲产品，增加吸引力；提高产品口碑，获取更多的好评；激发消费者下单欲望，提高销售额。

常见的七种直播营销方式，侧重点各有不同，具体如表 2-9 所示。

项目 2　直播营销方案策划

表 2-9　七种直播营销方式的侧重点

方式	推新品	讲产品	提口碑	促销售
颜值营销	☆	☆		
明星营销	☆		☆	☆
稀有营销	☆	☆	☆	
利他营销	☆			☆
才艺营销	☆			
对比营销		☆		☆
采访营销			☆	

实践活动

1. 以小组为单位，分析下列直播案例采用的直播营销方式

（1）A 直播间，邀请知名彩妆大师到直播间使用彩妆产品，现场帮模特化妆，旁边的主持人不时向彩妆大师请教化妆技巧。

采用的营销方式有＿＿＿＿＿＿＿＿＿＿＿＿＿＿＿＿＿＿＿＿＿＿＿＿＿＿＿

和硬广相比有何优势？＿＿＿＿＿＿＿＿＿＿＿＿＿＿＿＿＿＿＿＿＿＿＿＿＿

（2）B 直播间，主播小美穿着优雅的旗袍，正用古筝弹奏着悦耳的曲目，直播间的购物链接是各种价格的古筝。

采用的营销方式有＿＿＿＿＿＿＿＿＿＿＿＿＿＿＿＿＿＿＿＿＿＿＿＿＿＿＿

和硬广相比有何优势？＿＿＿＿＿＿＿＿＿＿＿＿＿＿＿＿＿＿＿＿＿＿＿＿＿

2. 以小组为单位，分析产品特点，讨论直播间采用哪种或哪几种直播营销方式

步骤 1：分析产品用户人群特点。

步骤 2：根据产品的不同特点选择合适的营销方式（见表 2-10）。

步骤 3：以小组为单位，分享观点。

表 2-10　选择营销方式

产品	用户人群	营销方式

知识准备

2.1.3 组合直播营销策略

组合直播营销策略是指在确定直播目的后,综合考虑人物、场景、产品和创意等因素,加以最佳组合和运用,以完成既定的目的和任务。人物、场景、产品和创意会直接影响直播营销活动的整体效果,在直播营销活动方案设计过程中,需要将这四部分有机结合。

将人物、场景、产品和创意通过各种形式组合,可以用于大多数产品的直播任务中。组合的含义可理解为谁通过搭建怎样的直播销售场景,采用怎样的展示方式,展示怎样的产品给直播间的观众。

实践活动

四人为一组,结合所学知识,分析下列直播案例的人物、场景、产品和创意,将分析结果填入表2-11中。

某公司主营护肤彩妆产品,公司的电商运营部门决定在直播间内主推一款补水面膜。主播是公司新人小美,小美长相甜美并熟悉各类护肤知识和技巧。为在镜头前真实还原护肤品的使用效果,使用正常白色光搭建直播场景。

小美在直播间现场使用该补水面膜,向粉丝解说面膜的成分功效,并展示使用后的效果。同时邀请了一位平时很少使用补水面膜的女性同事作为嘉宾,在直播间现场使用该产品。小美用一个皮肤水分测量仪器,测试记录了该嘉宾使用该面膜前后的数据,并进行对比。

表 2-11 案例分析

直播要素	分析案例
人物	
场景	

续表

直播要素	分析案例
产品	
创意	

任务评价

在学习完本任务后，参考表 2-12 和表 2-13 对本任务的完成情况进行评价。

表 2-12　学生自我评价

课程：_____ 姓名：_____ 班级：_____ 学号：_____

评价内容	自我评价		存在的问题
	我会了	我还有问题	
能否根据实际情况分析直播产品及直播用户			
是否能够选取直播营销方式并说明理由			
是否对直播营销策略有了初步认识			

表 2-13　教师评价

班级		学号		姓名	
出勤情况					
评价内容	评价要点	考查要点		分值/分	得分
查阅信息	任务实施过程中文献查阅	①是否查阅信息资料		15	
		②正确运用信息资料			
互动交流	与同学交流、互动	①积极参与交流		20	
		②主动接受教师指导			
任务完成情况	能否根据实际情况分析直播产品及直播用户	充分认识直播产品及直播用户		40	
	是否能够选取直播营销方式并说明理由	掌握各种直播营销方式			
	是否对直播营销策略有了初步认识	认识直播营销策略			

续表

评价内容	评价要点	考查要点	分值/分	得分
素质目标达成度	团队协作	根据情况，酌情赋分	25	
	自主探究	根据情况，酌情赋分		
	学习态度	根据情况，酌情赋分		
	课堂纪律	根据情况，酌情赋分		
	出勤情况	缺勤一次扣5分		
总分			100	

项目 2　直播营销方案策划

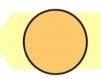

任务2　设计方案流程

任务描述

要实现具体的直播目的，必须让抽象的思路通过有效的载体呈现，直播营销思路才能被执行，而方案就是常用的呈现方式。小青经过学习，基本厘清了直播营销的思路，接下来，指导教师将引导他们根据前期所学的知识，深入了解直播营销方案设计的相关知识，便于以后更好地执行真实任务。

知识准备

2.2.1　制订直播营销方案

1. 直播营销方案的作用

直播营销思路（见图2-4）是抽象的，而直播方案就是思路的具体化，有利于直播活动的所有参与人员能准确、完整地把握直播营销的思路，落实每项任务，完成预定目标。

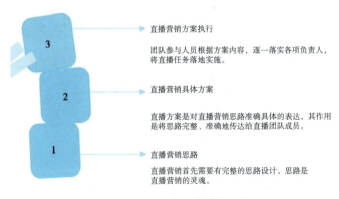

图2-4　直播营销思路

2. 直播营销方案的要素

直播营销方案应简明扼要，直达主题，一般包括直播目的、直播概述、人员安排、时间节点和费用预算五大要素，具体如表2-14所示。

表2-14 直播营销方案要素及说明

要素	说明
直播目的	要完成的销售目标、观看粉丝数量、粉丝增加数、互动数等具体目标设定
直播概述	简要表述直播主题、直播形式、直播平台、直播商品选品及备货、推广方案等
人员安排	按照执行环节对所有参与人员进行明确分工，落实各项目负责人
时间节点	直播整体时间节点，如开始和结束时间、筹备时间、直播后扩大影响时间等；各组完成任务的时间节点
费用预算	直播活动涉及的相关费用预算

直播营销方案各要素的应用举例，如表2-15所示。

表2-15 直播营销方案各要素的应用举例

要素	要点	应用举例
直播目的	传达直播目的	"三八女神节"即将来临，结合公司新品推广任务，公司决定在女神节当天进行直播，希望通过本次"三八女神节"的直播活动，提升公司天猫店本月销售额至1 000万元
直播概述	对直播的整体思路进行简明扼要的概述	1.直播主题：女神之妆 2.直播平台：淘宝直播 3.直播形式：邀请化妆师现场展示3～5类适合"三八女神节"的妆容 4.直播商品：新推出的魅力系列彩妆产品
人员安排	对所有参与人员进行分组管理	1.道具组人员安排 2.内容组人员安排 3.摄制组人员安排
时间节点	直播各个环节时间节点； 各项目组时间节点	1.前期筹备时间 2.推广引流时间 3.直播时间 4.复盘时间 5.各项目组时间安排
费用预算	整体的预算	1.道具费用预算 2.化妆师邀请费用预算 3.现场礼品费用预算

项目 2　直播营销方案策划

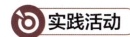 实践活动

1. 实践任务

利用互联网，收集一个成功的直播营销方案，分析方案并列举出方案要素。

2. 实践步骤

根据下列步骤制作一个简单的直播营销方案。

背景：某公司主营各类坚果零食，线上主营天猫店，"双十一"大促即将到来，公司决定在"双十一"当天进行直播。

步骤1：以小组为单位，在淘宝天猫搜集主营坚果类的店铺，进入店铺直播间了解直播内容。

步骤2：根据各要素的要点分析，讨论确定直播目的、直播概述、人员安排、时间节点、费用预算等内容。对小组成员进行分工，每人负责编制一个部分。

步骤3：整合直播方案，小组成员讨论、修改并完成直播营销方案（见表2-16）。

步骤4：将整合的直播营销方案制成PPT。

步骤5：展示合作成果。

表 2-16　直播营销方案

要素	方案
直播目的	
直播概述	
人员安排	
时间节点	
费用预算	

知识准备

2.2.2 设计直播活动流程

1. 直播活动流程

一场完整的直播活动一般包括四个阶段的工作，分别是筹备阶段、实施阶段、扩大影响阶段和复盘阶段。

2. 直播各阶段的具体工作

1）筹备阶段

筹备阶段是直播活动顺利进行和达成目标的关键，只有落实好筹备工作，才能确保直播间各项活动按计划进行。直播活动筹备阶段工作一般包括确定直播内容、做好预热宣传、配置直播资源、设计直播脚本等四项工作要点，每项工作要点有其具体的工作内容，如图 2-5 所示。

图 2-5　直播活动筹备阶段工作

2）实施阶段

直播活动的实施阶段，通常包括开场、过程、收尾三个环节。直播活动的开场环节主要让观众快速了解这场直播的内容、形式、组织者，以及和观众利益相关的信息等，引起观众的观看兴趣。直播过程环节一方面要让观众对直播本身产生兴趣，另一方面要提升观众对直播间所展示的产品或服务内容的兴趣，提高下单转化率。直播收尾环节的营销目的是促成接受，让观众接受企业产品、理念，提高企业知名度。直播活动实施阶段工作如图 2-6 所示。

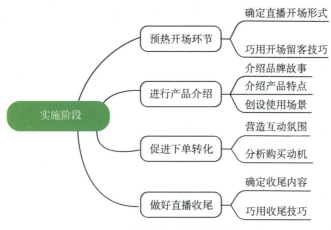

图 2-6 直播活动实施阶段工作

3）扩大影响阶段

直播活动结束并不意味着直播工作结束。一方面，为让直播活动效果最大化，在直播结束后，可以将直播的视频片段和销售数据借助其他平台做进一步的宣传推广；另一方面，需要在直播后维护好粉丝，增加粉丝黏性，如图 2-7 所示。

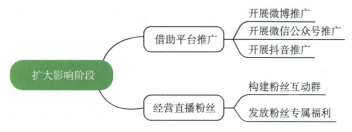

图 2-7 直播活动扩大影响阶段工作

4）复盘阶段

复盘是指将整个直播活动重新梳理一遍，对筹备阶段、实施阶段、扩大影响阶段等环节进行经验总结，避免下一场直播活动再出现相同或类似的失误，为今后的直播做好铺垫。直播活动复盘阶段工作一般包括了解复盘知识、分析直播数据和总结直播经验等内容，如图 2-8 所示。

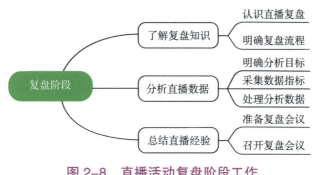

图 2-8 直播活动复盘阶段工作

实践活动

以小组为单位，利用互联网，选择一个人气较高的直播间，分析该直播间的直播预告一般包含哪些内容。

知识拓展

策划与筹备电商直播的过程中，新入行人员应注意以下问题。

（1）确认直播时间段，可先预计本场直播时长，再根据受众群体及各个时间段的直播特点去选择合适的时间段。

（2）直播开播前先对直播做一个规划，明确直播过程的细节，以及直播时应该如何与观众互动，这样直播才能有条不紊地执行。

（3）直播时，直播间的装饰也非常重要。高质量的直播间往往能吸引观众停留，因此可在场景装饰上花一些心思。

（4）不管是使用手机直播还是在专业直播间进行直播，都要在直播前安装好设备。

任务描述

在学习完本任务后，参考表 2-17 和表 2-18 对本任务的完成情况进行评价。

表 2-17　学生自我评价

课程：_____　姓名：_____　班级：_____　学号：_____

评价内容	自我评价		存在的问题
	我会了	我还有问题	
能否根据实际情况制订直播营销方案			
是否了解直播活动流程			
是否了解直播流程各阶段的具体工作			

表 2-18 教师评价

班级		学号		姓名	
出勤情况					
评价内容	评价要点	考查要点		分值/分	得分
查阅信息	任务实施过程中文献查阅	①是否查阅信息资料 ②正确运用信息资料		15	
互动交流	与同学交流、互动	①积极参与交流 ②主动接受教师指导		20	
任务完成情况	能否根据实际情况制订直播营销方案	充分认识直播营销方案的制订方法		40	
	是否了解直播活动流程	掌握直播活动流程的具体内容			
	是否了解直播流程各阶段的具体工作	认识直播流程各阶段的具体工作			
素质目标达成度	团队协作	根据情况，酌情赋分		25	
	自主探究	根据情况，酌情赋分			
	学习态度	根据情况，酌情赋分			
	课堂纪律	根据情况，酌情赋分			
	出勤情况	缺勤一次扣 5 分			
总分				100	

项目总结

通过本项目的学习，同学们要掌握直播电商的目标分析技巧、营销方式及选取方法，掌握直播营销组合策略、方案策划及直播流程设计等技能。通过本项目的学习，同学们要初步了解直播电商文案策划岗位的能力要求，增强团队合作意识和能力，同时要明白成功不是一蹴而就，而是要储备更多专业知识来提升自己的专业技能，加强自身技能助农的知识储备。

理实一体化习题

一、单项选择题

1. 下列属于产品外观分析维度的是（　　）。

A. 产品尺寸

B. 产品口味

C. 自动美颜功能

D. 美白功能

2. 下列属于可度量目标的是（　　）。

A. 提升口碑

B. 销售额增加 100 万元

C. 好评率大幅提升

D. 其他平台粉丝增加

3. 下列环节属于直播活动筹备阶段工作的是（　　）。

A. 脚本设计

B. 借助平台推广

C. 进行产品介绍

D. 分析直播数据

4. 下列属于固定属性特征的是（　　）。

A. 性别

B. 未婚

C. 学历

D. 居住地

5.适用才艺营销方式进行直播活动的产品是（　　）。

A. 空灵鼓

B. 书籍

C. 旅游产品

D. 保养品

二、简述题

1.如何进行直播营销目的分析？

2.直播流程包括哪几个环节，每个环节的工作要点是什么？

三、实训题

实训名称：直播项目方案设计

实训背景：为校企合作项目进行一场直播活动的方案设计。

实训目的：厘清直播思路，形成合理可行的直播方案。

实训过程：

步骤1：组建工作团队，讨论并选择任命一名小组长。

步骤2：通过小组会议，明确工作步骤，小组长根据成员情况进行分工，明确各项工作的时间要求。

步骤3：团队成员全面了解直播商品、目标、方式等内容，收集相关信息。

步骤4：根据收集的信息及分析结果，确定直播营销目的及直播方式。

步骤5：制订直播方案。

步骤6：修改直播方案。

实训评价：根据实训过程及实训报告进行评价，实训评价如表2-19所示。

表2-19　实训评价

评分内容	评价标准	分值/分	自评	师评
组建工作团队	能够合理组建团队，否则酌情扣分	15		
进行小组分工	能够进行合理分工，否则酌情扣分	15		
针对直播商品收集信息，确定直播目的及方式	能够根据收集的信息确定合理的直播方式，否则酌情扣分	30		

续表

评分内容	评价标准	分值/分	自评	师评
制订并修改直播方案	能够制订初步的直播方案,并进行优化,否则酌情扣分	40		
合计		100		

体会与收获:

教师点评:

项目3
做好直播准备

项目综述

在校企合作项目导师的带领下,开始进行直播选品,完成主播人设的铺垫,做好直播的预热宣传。同学们也希望参与到搭建直播间等前期准备工作中,以发挥各自的聪明才智,如配置适宜的直播设备、撰写有灵魂的直播脚本等。

(一)知识目标

1. 掌握主播人设的打造方法。
2. 熟悉直播的预热宣传工作。
3. 熟悉直播环境的配置方案。

(二)技能目标

1. 能够协助参与直播选品、预热宣传。
2. 能够参与搭建直播间。
3. 能够撰写简单的直播脚本。
4. 能够进行基础的主播妆容与礼仪管理。

(三)素养目标

1. 强化沟通与团队合作意识。
2. 树立诚信的社会主义核心价值观。
3. 培养创业创新精神。
4. 培养脚踏实地的工作态度。

任务1 确定直播内容

任务描述

校企合作项目最近签约了一家休闲零食专营店的直播代运营业务,这家休闲零食专营店希望通过直播促进销售。经过评估,大家认为小青的性格比较符合休闲零食店直播间需求,决定让她担任直播间的实习主播。在开播之前首先要确定直播内容,然后经过讨论,确定了主播人设、选品、商品图片、促销方案等细节。

知识准备

3.1.1 打造主播人设

1. 主播人设的概念

主播人设是指主播在直播间树立鲜明的形象标签,通过标签让别人快速记住,继而被认可、喜欢和信任。

人设是标签的组合。标签是能够辨识主播的关键词。标签要在直播中得到体现,才能让观众产生印象。如某主播的人设为爱心助农、热情、诚信,主播通过直播间将这些标签传达给观众,最终打造出鲜明的形象。

2. 打造主播人设的步骤

打造主播人设有四个步骤,分别是分析需求、深度挖掘、人设呈现、重复深化。

1)分析需求

打造人设前需对目标群体进行调研,分析目标人群画像,并从目标人群视角分析他们偏好的标签。

化妆品直播间面向的目标人群多是爱美的女性,她们对主播的形象有较高要求,对有一定审美能力的主播有偏好。

通过主播"人设三问"来进行需求分析,如图 3-1 所示。

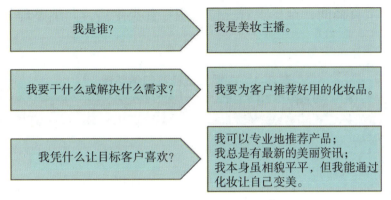

图 3-1 主播"人设三问"

2)深度挖掘

打造人设要从自身出发,基于自身外形、性格或特长等方面去深度挖掘。挖掘出辨识度高的人设特征并在直播间呈现,然后通过数据分析,确定该人设是否符合目标人群偏好。

美妆主播在直播间拧盖子时,粉丝们纷纷评论她的手修长好看,于是她的手成为她的人设标签,则主播要更加注重展示商品时手部的动作。

外形:美、手特别好看。

性格:热情、亲和、喜欢钻研。

特长:专业、会化妆。

3)人设呈现

人设标签一般通过外形、行动、话术来呈现。

美妆主播:

外形:普通人长相,但化妆后自然、美丽。

行动:对化妆品的成分、特点有钻研精神,说起化妆品来头头是道。

话术:"相信我,这真的很美。""敲黑板,这是最新款的妆容。"

4)重复深化

人设的打造需要不断深化,在直播中通过反复呈现固定的话术和动作让观众形成记忆点。

实践活动

1. 观看并归纳、整理休闲零食类主播人设标签

步骤：登录淘宝直播间，至少观看三位休闲零食类主播，归纳整理其人设特点（见表3-1）。

表 3-1　主播人设标签归纳整理

直播间名称（主播名字）	性别	人设标签（不少于三个关键词）

2. 根据打造主播人设的步骤，打造休闲零食类主播人设

步骤1：根据直播间目标群体的需求回答"人设三问"。

直播间目标群体的需求：美味、健康、方便食用的休闲食品。

人设三问：

（1）我是谁？

_____

（2）我要干什么或解决什么需求？

_____

（3）我凭什么让目标客户喜欢？

_____

步骤2：以你所观看的其中一位主播为参考，为其挖掘人设标签。

外形：_____

性格：_____

特长：_____

步骤3：人设呈现。

外形：_____

行动：_____

话术：_____

项目 3　做好直播准备

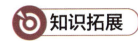

优秀主播基本工训练：读绕口令进行发音练习

朗读下列绕口令进行发音练习。

（1）门口吊刀，刀倒吊着。

（2）一平盆面，烙一平盆饼，饼碰盆，盆碰饼。

（3）山前有只虎，山下有只猴。虎撵猴，猴斗虎；虎撵不上猴，猴斗不了虎。

（4）八百标兵奔北坡，炮兵并排北边跑，炮兵怕把标兵碰，标兵怕碰炮兵炮。

（5）粉红墙上画凤凰，凤凰画在粉红墙。红凤凰、粉凤凰，红粉凤凰花凤凰。

3.1.2　主播仪容与礼仪

直播间通过直播封面迅速吸引大批观众，但是观众又光速离开了直播间，其极大原因是主播的形象管理没有做好。良好的形象管理包括妆容、着装、配饰搭配、背景和礼仪等。各细节都得认真对待，直播间整体风格要统一、舒适。

第一，主播一定要化妆，化好上镜妆，但是主播要知道上镜妆和日常妆是有区别的。主播上镜后，五官会有视觉上的压缩感。简单来说，五官立体感减弱，所以上镜妆要比日常妆更加注重阴影和高光的使用，以打造更加立体的妆容。底妆的部分可以选择较浅的色号，让皮肤在镜头前更加白皙，尽量不要选择红色的眼影，否则上镜后会显得臃肿。由于镜头对色彩的差异非常敏感，所以露出的颈部和肩膀、手臂的肤色尽量要和脸部肤色一致。

男性主播化妆也不可以少，至少要画眉毛，避免在直播中显得过于油腻。男性主播化妆会在无形中提升自己颜值。比较常见的做法是在直播软件中适当开美颜。

第二，着装很重要，背景要配套，配饰能加分。首先，要保证着装背景和妆容风格一致，不要过于随意，特别是不宜穿着睡衣等上阵。可以选择自己喜欢的风格，比如可爱系、酷炫系、清新系等。其次，在服装的颜色方面，鲜亮的暖色系上镜会更有亲和力，避免搭配黑色系等容易使画面过曝的衣服，与背景颜色相近的衣服也尽量不要选择。最后，配饰看起来微不足道，但好的配饰却会给主播的造型锦上添花。比如一顶酷酷的帽子，一个甜美的发卡，一副造型独特的耳环等。

第三，主播的体态。主播要避免站姿僵硬，身体应适当放松，肌肉不能太紧张，在站立的同时可以适当地变换姿态，追求动感美。

主播坐姿的基本要求：上体自然挺直，坐在椅子前端，躯干有支持力，身体稍微前倾，两肩放松；两腿自然弯曲，双脚平落地上，双膝并拢或稍稍分开，切忌身体随意弯曲。

主播的走姿不像站姿和坐姿有具体的要求，可以各有风采。起步时上身略向前倾，身体重心放在前脚掌上；行走时双肩放松、展开，脚不宜抬得过高，也不宜过低，以免脚底与地面产生摩擦；头端正，目光平视，下颌微收；挺胸收腹，腰背挺直，步幅适当。

主播的手势是在直播过程中用于辅助表达的一种手段，可以传递信息，增进主播与粉丝之间的交流。比如主播在介绍产品的时候，会大量运用手势来辅助展示商品。

微笑的表情令人心情愉快，能够拉近人与人之间的距离。主播只有面带微笑，才会给粉丝传递温暖与快乐，从而赢得粉丝的喜爱，获得更多的粉丝流量。因此，具有亲和力是优秀主播必备的条件之一，微笑是这一条件的基础。时常带着微笑去面对摄像头，主播和粉丝之间的沟通就会更容易。

实践活动

1. 实践任务

归纳、整理休闲零食类主播的妆容特点。

2. 实践步骤

步骤：登录淘宝直播间，至少观看三位休闲零食类主播，归纳整理其妆容特点。

主播1妆容：_____

主播2妆容：_____

主播3妆容：_____

我的归纳：_____

项目 3　做好直播准备

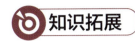

1. 主播妆容特点

主播妆容特点是修容、红色眼影，保持立体度。

主播在直播时的妆容，应尽量画得浓一点，这不是希望主播呈现浓妆艳抹妖媚姿态，而是因为当美颜打开之后，化淡妆根本看不出来。鼻子侧影、眼影和下巴的暗影都需要打得重一点，同时高光不要打得太过，否则在开启补光灯后很容易使整张脸显得油腻感。

近视的主播最好佩戴框架眼镜或者隐形眼镜，因为在与观众聊天时，主播会不自觉地向镜头前凑，而妆容会出现美颜短时间失效的问题。主播一定要化妆和开美颜，因为化妆和开美颜会让直播间的观众看起来更舒适，每个人根据自己的个人情况酌情化妆与开美颜。

在每次开播之前，主播可以单击开播界面，看自己的妆容是否合适，如若不合适，则加重口红、鼻影或眼影。

2. 主播化妆技巧

技巧 1：紧贴肌肤的粉底

紧贴肌肤的粉底可使彩妆更完美。方法很简单，主播只要先把微湿的化妆海绵放到冰箱里，几分钟后，把冰凉的海绵拍在抹好粉底的肌肤上，这样就会使肌肤格外清爽，彩妆也显得特别清新。

技巧 2：清凉的眼药水

主播若是喝酒或缺乏睡眠会使双眼看来非常疲倦，布满血丝。可以滴上一两滴具有缓解疲劳效果的眼药水，使眼部毛细血管充血、破裂的症状得到舒缓，但眼药水不是越多越好，过多反而会出现不良的效果。

技巧 3：管用的眉粉

如果主播总觉得拿着眉笔的手不听使唤，画不出令人满意的眉毛，不妨做个新尝试：用眉笔在手臂上涂上颜色，用眉刷蘸上颜色，均匀地刷在眉毛上，这样会有更为自然柔和的化妆效果。

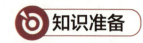

3.1.3 选择合适商品

直播带货三要素包括人、货、场,其中选品是对"货"的准备。直播团队需对每场直播商品进行精心选择和策划。选品的好坏直接影响直播销量的高低。

1. 直播间选品法则

直播间选品需考虑粉丝画像、店铺销售需求和商品特性,将商品按照不同种类在直播时排列布局,从而达到最佳带货效果。

1)根据粉丝画像选品

通过各种数据分析工具,如生意参谋"直播"模块、知瓜数据、蝉妈妈等,了解直播间的观众性别、年龄、喜好,以及与店铺成交人群的相似度等。直播间选品应该以满足粉丝需求为优先原则,通过粉丝画像了解粉丝需求,重点规划直播间推送商品,提高直播间转化率。

2)配合店铺销售需求选品

选品还需考虑店铺的销售计划和营销目的,可选择热卖爆款商品、应季商品和活动促销商品等。

3)按分类组合排列

直播间商品分为引流款、利润款、形象款,直播商品根据直播时段进行排序,在直播期间不同时段适时推出,如图3-2所示。

引流款,又称福利商品,其特点是质优价廉、快速消耗,适合大量铺货,用来提升直播间人气和粉丝信任度,一般包括店铺热卖爆款、活动爆款、应季爆款等。

利润款,即主推商品,其利润空间大,使用频率高,适合组合出售或限时优惠,是主要利润来源。

形象款,一般为高价商品、知名品牌、独家销售,主要用来提高直播间消费层级,培养粉丝消费习惯。

直播商品的数量规划,建议是引流款占15%~25%,利润款占50%~60%,形象款占10%~20%。

项目 3　做好直播准备

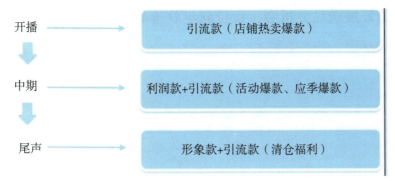

图 3-2　直播间适时推出不同款商品

实践活动

1. 实践任务

休闲零食类直播间选品登记。

2. 实践要求

以小组为单位,为休闲零食店 3 月 8 日晚的直播活动进行选品。

3. 实践步骤

步骤 1:根据粉丝画像选品。登录百度指数搜索"零食大礼包"等关键词,查看需求图谱以及人群画像,并填写相应表 3-2。

表 3-2　需求图谱与人群画像

关键词	需求图谱		人群画像	
	相关词热度前 5	省份前 5	年龄前 2	性别前 1
零食大礼包				

步骤 2:根据搜索关键词及人群偏好分类选择商品(见表 3-3)。

表 3-3　分类选择产品

关键词	引流款	利润款	形象款
零食大礼包	例:29.9 元零食大礼包		

51

步骤 3：小组开展选品分析会，每位同学就选品原因进行说明，并排列选品的直播顺序。

知识准备

3.1.4　设计封面和标题

大部分直播间观众对直播封面的停留时间不超过 2 秒，要在 2 秒内吸引观众点击，封面和标题就显得尤为重要，封面和标题的吸引力直接影响直播观看人数。

1. 标题撰写方法

主流直播电商平台对直播标题有统一的规范要求，一般不允许标题使用极限词、虚假促销信息，如全网最低、倒闭、清仓等。在写标题前要了解平台规则，避免被处罚。

标题的撰写可以从三个要点着手：直戳痛点、福利吸引、突出重点。

1）直戳痛点

以某产品或某话题中的核心烦恼为中心，结合产品对痛点的作用，将其运用到标题中。

【电动牙刷】

直播间标题：献礼女王，唇红齿白

点评："唇红齿白"戳中了女生爱美的痛点。

【新生奶粉】

直播间标题：如何为宝宝选择合适奶粉

点评：如何选择合适的奶粉是新手父母共同面临的难题。

2）福利吸引

福利型的直播标题可吸引对价格敏感的消费群体，通过直播间的专享福利来吸引观众点击观看。

【节日促销】

直播间标题：女神节来啦！全场五折起

【日常福利】

直播间标题：全店满减，新品折上折

3）突出重点

运用可传递情绪或加深印象的标点符号和字词来突出重点，如爱心、玫瑰花等图标。

【三八女神节】

直播间标题1：{女神节}周三免费送新衣！！！

点评：添加大括号及三个感叹号，在众标题中与众不同，引起了观众的注意。

直播间标题2：抢！女神专属好礼！

点评：利用"抢"来营造紧迫感。

直播间标题3：唤醒女性健康，不做春日"病美人"

点评：双引号突出重点"病美人"，吸引关注。

2. 封面设计要点

1）把握好封面的尺寸

直播间封面有三种尺寸，分别是1∶1、3∶4、16∶9，不同尺寸的封面适合不同曝光位推送。例如，淘宝直播中主要以3∶4尺寸的封面展示，在"品牌好货"中则以16∶9的尺寸推送。

2）选择好表现主体

封面出现观众想要购买的产品、信任的主播或感兴趣的信息，都会容易获得点击量。因此，直播封面的主体应包括商品、主播和生产场景。以商品为主体的封面应该选择具有视觉冲击力的商品图片。

3）适当添加活动文案

在举办大型活动时，可以在封面中适当添加文案，对标题进行补充。

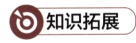

你知道极限词有哪些吗？

极限词，又称违禁词，是一种表示极限的词汇，是由全国人民代表大会常务委员会颁布的《中华人民共和国广告法》规定的，自2015年9月1日起施行，不得在商品包装或宣传页面上使用绝对化的语言或表示用语。

（1）绝对：表示完全或彻底，如绝对不可能、绝对正确；

（2）最：表示极限或顶点，如最高、最大、最小；

（3）最终：表示最后的结果或最终的目标，如最终目标、最终结论；

（4）最好：表示最优秀或最适合，如最好的选择、最好的方案；

（5）绝对不：表示绝对不会发生或不会做，如绝对不会放弃、绝对不会妥协；

（6）永远：表示永久不变，如永远不变、永远不会忘记；

（7）决不：表示决不允许或决不做，如决不妥协、决不放弃；

（8）毫不：表示毫不留情或毫不客气，如毫不留情、毫不客气地拒绝；

（9）绝对没有：表示完全没有或不存在，如绝对没有可能、绝对没有问题；

（10）绝对不能：表示绝对不允许或绝对不可能，如绝对不能妥协、绝对不能失败。

实践活动

1. 按照选品结果为休闲零食店设计"三八女神节"直播活动的标题及封面

步骤1：按照标题撰写法分别拟出三个标题，在小组内讨论并选出最优的标题，不超过20个字。

直戳痛点：_____

福利吸引：_____

突出重点：_____

步骤2：使用图片处理工具或在线直播封面生成工具（如图怪兽、创客贴等）制作多商品组合封面图，大小为640像素×640像素等比例正方形图片，并加入活动主题"女神节零食专场"文案。完成后，组内互评（见表3-4）。

表3-4 组内互评

序号	标准	分数/分	得分
1	主体突出，具有吸引力，内容完整	30	
2	商品摆放整洁，构图讲究	10	
3	文案处理得当，与主体相得益彰，没有无关文字、标识、水印等	30	
4	背景颜色符合直播间风格	20	
5	大小比例正确，图片清晰，不变形，没有锯齿	10	

2. 表3-5中的直播间标题，按五星进行评价，你给各个标题打几颗星

表3-5 直播间标题评价

直播间标题	★★★★★
1.陪伴是最长情的告白	
2.青春不老，我们不散	

续表

直播间标题	★★★★★
3.人潮汹涌，感谢有你	
4.相遇总有原因	
5.等你归来	
6.别看了，就差你了	
7.寻找守护之旅	
8.春风十里不及与你相遇	
9.深情不及久伴	
10.等一个盖世英雄	
11.我在发胖，见者有份	
12.主播距离你两公里内	
13.扶我起来，我还能唱	
14.小小歌手×××	
15.唱歌的机器人	
16.嘘！听我给你唱首歌	
17.跳舞频道	
18.我与春风皆过客	
19.可盐可甜	
20.遇见你是最美的意外	

任务评价

在学习完本任务后，参考表 3-6 和表 3-7 对本任务的完成情况进行评价。

表 3-6　学生自我评价

课程:_____ 姓名:_____ 班级:_____ 学号:_____

评价内容	自我评价		存在的问题
	我会了	我还有问题	
能否根据实际情况打造主播人设			
是否掌握主播仪容与礼仪要求			
是否能够选择合适商品			
是否能够设计封面和标题			

表 3-7 教师评价

班级		学号		姓名	
出勤情况					
评价内容	评价要点	考查要点		分值/分	得分
查阅信息	任务实施过程中文献查阅	①是否查阅信息资料 ②正确运用信息资料		15	
互动交流	与同学交流、互动	①积极参与交流 ②主动接受教师指导		20	
任务完成情况	能否根据实际情况打造主播人设	了解主播人设的打造过程及注意事项		40	
	是否掌握主播仪容与礼仪要求	掌握主播仪容与礼仪的具体内容			
	是否能够选择合适商品	掌握商品选择的原则与方法			
	是否能够设计封面和标题	了解封面和标题设计的注意事项			
素质目标达成度	团队协作	根据情况，酌情赋分		25	
	自主探究	根据情况，酌情赋分			
	学习态度	根据情况，酌情赋分			
	课堂纪律	根据情况，酌情赋分			
	出勤情况	缺勤一次扣 5 分			
总分				100	

项目 3　做好直播准备

任务2　做好预热宣传

任务描述

距离"三八女神节"活动直播还有两天，接下来要对直播进行预热宣传。预热宣传会影响直播的观看人数和转化率。小青计划制作海报、撰写文案并制作短视频进行宣传，将选择合适的渠道为本场直播进行预热。

知识准备

3.2.1　设计海报和文案

1. 直播海报设计

1）海报尺寸规划

预热直播海报通常是通过微信、微博等社群平台进行宣传，海报的尺寸可设置为1 080像素×1 920像素，或等比例缩小至640像素×1 138像素。1 080像素×1 920像素的常规分辨率可在大部分移动端智能设备"满屏"显示。

不同的宣传渠道，海报尺寸会有所不同，如发布在微信小程序上宣传的直播海报需为1∶1的比例。确定海报尺寸时，应先了解宣传渠道，根据平台要求进行制作。

2）海报主体设计

海报的主体分为产品和人物两种。

以产品为主体的海报：适用于新手主播或主播不固定的直播。可设计产品组合或具有视觉冲击力的单品。

以人物为主体的海报：适用于固定主播或邀请嘉宾的直播，为产品背书。海报的主体以主播或嘉宾照片为主，单人海报人物一般占据版面的 2/3 区域，多人海报则采用矩形、三角形构图即可。

3）海报背景设计

海报背景设计主要以简约风格为主，起到烘托氛围和补充画面元素的作用，可选用网格、渐变色彩以及纹理背景。配合产品或活动内容选择合适的背景色系，暖色系（如红、橙、黄）的背景让人有温暖、热情的感觉，冷色系（如蓝、绿）的背景让人有清爽、干净的感觉。

4）海报标题设计

海报标题要与直播主题契合，通常设计在版面的上下两端。标题包括主标题和副标题，主、副标题的文字设计，如字体、大小、排版等都会影响版面的视觉效果。

主标题需契合直播主题，选用视觉表现力较强的字体，如粗体、立体字体、轮廓字体等。

副标题字数较多，文案包含直播时间、主播介绍、产品信息、促销信息等，注意编排、主次分明。

2. 撰写社群宣传文案

通过微信、微博等社群平台进行直播预告时，除了海报外，还可采用社群宣传文案。常见的直播预告文案包括产品清单型、抽奖福利型和悬疑好奇型三种。

1）产品清单型

当直播选品较受欢迎或有价格优势时，可使用简单直接的产品清单型文案。

羊肉汤泡一个馍，不够再来碗 biangbiang 面，最纯正的陕西本土好物，我们直播间全部带给你。

2）抽奖福利型

直播预告中可使用的福利方式包括转发抽奖、发红包、抽奖、大额优惠券等。

【美食大礼包】

转发、评论、点赞，抽 20 位送美食大礼包一份，今晚准备好，5、4、3、2、1，上链接，直播间等你哦。

【大额优惠券】

家人们一定要看我这期的直播，有惊喜哦！进入直播间抽取大额优惠券，别说我没告诉你哦，今晚 8 点我们不见不散！

3）悬疑好奇型

预告文案中通过设置引发观众好奇心的话题来吸引关注。

【知名主播】

某主播首次直播时就用了这种类型的文案：

如果不是全网最——怎么会让上千万人挤在一个屋子里买东西？（直播倒计时5天）

如果不是全程都——怎么会让不买东西的人也舍不得离开？（直播倒计时1天）

知识拓展

九种最常用的构图法

1. 中心构图法

中心构图法是将主体放置在画面中心进行构图的方法。其最大优点在于主体突出，而且画面容易取得左右平衡的效果。这对于严谨、庄严和富于装饰性的作品尤为有效。

2. 水平线构图法

水平线构图法是最基本的构图法，以水平线条为主。水平、舒展的线条能够表现宽阔、稳定与和谐的感觉，通常运用在湖面、水面、草原等场景中。

3. 垂直线构图法

垂直线构图法是画面中以垂直线条为主的构图法。通常运用垂直线构图时，被摄体自身就符合垂直线特征，例如树木。垂直线在人们心中是符号化象征，能充分展示景物的高大和深度。

4. 三分构图法

三分构图法也称作井字构图法，是一种在摄影、设计等艺术中经常使用的构图法。在这种方法中，需要将场景用两条竖线和两条横线来分割，这样可以得到四个交叉点，将画面重点放置在四个交叉点中的一个即可。

5. 对称构图法

对称构图法即按照一定的对称轴或对称中心，使画面中的景物形成轴对称或中心对称的构图法。对称构图法常用于拍摄建筑、隧道等。如果前期无法完全对称，也可以通过后期进行校正和剪裁。

6. 对角线构图法

对角线构图法是指主体沿画面对角线方向排列的构图法，旨在表现动感、不稳定性或生命力等感觉。不同于常规的横平竖直，对角线构图对欣赏者来说，画面更加舒展、饱满，视觉体验更加强烈。

7. 引导线构图法

引导线构图法即利用线条引导观者的目光，使之汇聚到画面的焦点的构图法。引导线不一定是具体的线，但凡有方向的、连续的东西，都可以称为引导线。现实中，道路、河流、颜色、阴影甚至人的目光都可以当作引导线使用。

8. 框架构图法

框架构图法即将画面重点利用框架框起来的构图法，会引导观者注意框内景象，产生跨过门框即进入画面的感受。由于框架亮度往往暗于框内景色亮度，明暗反差大，要注意框内景物曝光过度与边框曝光不足等问题。

9. 重复构图法

重复构图法即当主体是一群同样的东西，将这一群主体同时拍下来的构图法。单调地重复同一物体，使其占据整个画面，并且没有明显杂乱的其他物体出现，同样可以起到突出主体的效果。

实践活动

为休闲零食店的"三八女神节"直播活动制作预热海报和社群宣传文案。

步骤1：确定直播时间、主推商品、直播主题、直播促销活动等信息（见表3-8）。

表3-8 直播相关信息

直播时间	主推商品	直播主题	直播促销活动

步骤2：准备海报素材（见表3-9）。

项目 3　做好直播准备

表 3-9　海报素材

项目	直播间二维码	商品 1 图片	商品 2 图片	商品 3 图片	其他
是否已准备					

步骤 3：登录"图怪兽"，搜索"直播预告"，选择"餐饮美食"，挑选适合本次活动的直播海报模板，可直接进行编辑，或参考该海报模板，使用图片处理软件进行绘制。

步骤 4：按照知识准备中的常见宣传文案格式，为本次直播设计一条社群宣传文案。

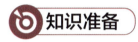
知识准备

3.2.2　制作预热短视频

开播前发布预热短视频，一方面是为了维护私域粉丝，另一方面是增加曝光率，吸引新人关注。

在引流平台上发布预热短视频，将未来的直播活动信息曝光给已关注的粉丝、平台用户，从而增加曝光率，获得粉丝量，达到直播间引流的目的，这就是直播预热短视频推广的原理。

1. 优质短视频的要求

优质的预热短视频在直播预热中起到事半功倍的作用，一个优质的预热短视频应该注意以下要点。

1）在短视频制作技术方面

原创、首发的竖版短视频会让平台认为是优质视频。视频封面要求清晰吸睛，主题突出，视频内容垂直，与以往主题一致。

2）在短视频内容设计方面

优质的短视频内容要考虑对目标顾客是否具有价值，可以是直播间的好物推荐、优惠券领取方法、嘉宾的互动等。优质有价值的视频内容可以提高视频点击率，从而达到引流目的。

3）在短视频推广策略方面

短视频一般于开播前两天开始发布，一开始可尝试小额付费推广，然后通过播放量、获客成本等数据分析短视频是否具有潜力，效果好则继续付费投放。预热效果好坏，可通过直播开播后第一个小时内的观看数据来评估。

2. 预热短视频的类型

直播预热短视频常见的有四种类型。

1）直接型预告

直接型预告主要用于吸引私域粉丝，直接真人出镜告诉粉丝开播时间和内容。想吸引未关注的观众，就需要留点悬念，勾起观众好奇心。这种预告方式适合有关注热度的主播。

2）福利型预告

福利型预告通过预告直播福利吸引观众关注，这种方式适合具有较大福利优惠的直播活动。

3）植入型预告

植入型预告类似广告植入，在日常短视频中植入直播预告，在视频最后定格直播预告海报，让观众不经意间注意到直播预告信息。这种方式适合短视频质量较高的内容型主播。

4）直播片段型预告

这种预告类似于花絮，将上一场直播中有趣的片段截取下来，为下一场直播造势引流。

实践活动

为休闲零食店"三八女神节"的直播活动制作一则预热短视频。

步骤1：根据休闲零食的产品特点和主播人设，选择合适的预热短视频类型。

预热短视频类型：_____

步骤2：进行短视频策划，一句话描述短视频内容。

预热短视频内容：_____

步骤3：撰写短视频脚本。

步骤4：拍摄素材，使用剪映等短视频剪辑软件进行剪辑、配音。

步骤5：在短视频平台发布。

知识准备

3.2.3 选定渠道宣传

1. 直播间流量类型

直播预热是为了提高直播间流量，直播间流量分为三种：已关注的粉丝、平台引流、平台外引流。

（1）对于已关注的粉丝，直播预热要考虑信息是否触达。

（2）对于平台引流，直播预热要关注预热短视频是否受到平台助推、是否需要付费推广。

（3）对于平台外引流，直播预热则要注意是否实现了多平台消息的互通互利。

2. 直播间引流渠道

直播预热的主要渠道可以分为自有渠道和合作渠道，其中已关注的粉丝主要来源于自有渠道，平台引流和平台外引流流量主要来源于合作渠道（见图3-3）。

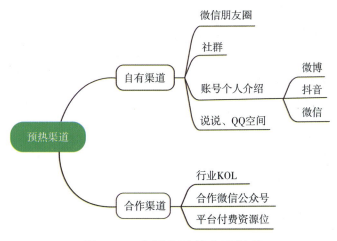

图3-3 直播预热的主要渠道

（1）自有渠道。自有渠道包括企业的微信个人账号、微信公众号、微博账号、抖音账号、自建社群和员工的微信朋友圈等。自有渠道触达已关注的粉丝以及私域流量，目的性强，粉丝质量比较高。开播前几个小时在自有渠道进行多次预告，把直播预告和优惠活动通过这些渠道传达给粉丝，吸引转化率高的粉丝进入直播间。

（2）合作渠道。与行业KOL（Key Opinion Leader，关键意见领袖）和其他自媒体平台合作，或使用平台付费资源位。如与其他直播间合作，分别在各自的私域中互助预热宣传，这样可以获得双倍的效益。

实践活动

为休闲零食店"三八女神节"的直播活动进行多渠道宣传。

步骤1：列出可以进行直播预热宣传的渠道。

自有渠道：_____

合作渠道：_____

步骤2：选择其中一个渠道发布预告。

_____

任务评价

在学习完本任务后，参考表3-10和表3-11对本任务的完成情况进行评价。

表3-10　学生自我评价

课程：_____ 姓名：_____ 班级：_____ 学号：_____

评价内容	自我评价		存在的问题
	我会了	我还有问题	
能否根据实际情况设计海报和文案			
能否独立制作预热短视频			
是否能够选择合适的宣传渠道			

表3-11　教师评价

班级		学号		姓名	
出勤情况					

项目 3　做好直播准备

续表

评价内容	评价要点	考查要点	分值/分	得分
查阅信息	任务实施过程中文献查阅	①是否查阅信息资料 ②正确运用信息资料	15	
互动交流	与同学交流、互动	①积极参与交流 ②主动接受教师指导	20	
任务完成情况	能否根据实际情况设计海报和文案	掌握海报及文案设计的要点	40	
	能否独立制作预热短视频	掌握预热短视频制作的步骤及注意事项		
	是否能够选择合适的宣传渠道	掌握宣传渠道选择的方法		
素质目标达成度	团队协作	根据情况，酌情赋分	25	
	自主探究	根据情况，酌情赋分		
	学习态度	根据情况，酌情赋分		
	课堂纪律	根据情况，酌情赋分		
	出勤情况	缺勤一次扣 5 分		
总分			100	

任务3　配置直播资源

 任务描述

经过前期的培训实践，小组成员逐渐熟悉了直播电商的基本理论知识，企业安排小组到直播间开展新的实训活动，了解直播间的场地搭建技巧，熟悉各种直播设备的基本操作，为直播做好准备工作。

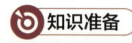 **知识准备**

3.3.1　准备道具设备

1. 直播电商所需的基本设备

随着网络直播的火爆，越来越多的人开始从事网络直播行业，无论是新手还是校企合作项目，进入直播行业，一套专业的直播设备是必不可少的。那么，做直播电商需要哪些设备呢？一般来说，直播设备主要包含直播用的手机、计算机、话筒、耳机、支架、补光灯等，如表3-12所示。

表3-12　直播设备配置清单

设备名称	配置说明
计算机	用于计算机直播、直播后台管理、脚本设计，以及修图、视频剪辑等。如果没有特殊需求（如游戏直播等），购买目前主流配置的笔记本即可
摄像头	计算机直播时，外接摄像头需满足主播对摄像头的美颜、瘦身、清晰度、拍摄角度等方面的需求。一般而言，1 000元左右的摄像头即可满足直播需求
手机	手机是直播的主要设备，适用于室内直播和室外直播。直播用的手机，其运行内存应不低于4 GB，摄像头不低于1 200万像素

续表

设备名称	配置说明
支架	用于固定手机、摄像头、话筒等设备，以保证直播画面稳定。需根据固定设备的数量和大小选购
补光灯	用于为直播提供辅助光线，以得到较好的光影效果。补光灯的类型主要分为柔光灯与环形灯。室内直播需要补充自然光时，可以优先选择柔光灯来模拟太阳光对拍摄对象进行补光。如果要拍摄人脸近景或特写，或者需要在晚上拍摄，就可以选择环形灯，以掩饰人物的面部瑕疵，起到美颜的效果
话筒	用于直播收音，使声音更有层次，音效更饱满、圆润。一般可以选择价格为200~1 000元、电压为48伏的话筒
耳机	耳机可以让主播在直播时听到自己的声音，从而更好地控制自己的音调、分辨伴奏等。一般可选购入耳式耳机、蓝牙无线耳机
自拍杆	使用手机进行移动式直播时，可以使用自拍杆进行拍摄，自拍杆能在一定程度上扩大拍摄范围，提升画面的稳定性
移动电源	一场直播的持续时间往往较长，对手机电池容量的要求较高，因此移动电源是手机直播的必备辅助设备

2. 不同直播带货场景设备配置方案

1）移动式直播需要的设备

一般做服装、鞋子等品类带货的主播需要不停移动，以便展示产品的上身效果。移动式直播最常使用的设备搭配方式是"声卡+电容麦克风"。

声卡支持与手机直接连接，无须转换器，使用方便快捷，麦克风收音清晰纯净。除此之外，还可以使用非常简易的枪型麦克风或领夹麦克风。如今采用的比较多的是"领夹麦克风+声卡"的搭配方式。

2）桌面式直播需要的设备

美食、美妆类的主播一般使用桌面式直播，采用手机直播、计算机直播或手机和计算机一起直播。

手机直播：桌面式直播最常用的设备搭配方式是"手机声卡+电容麦克风"。

手机声卡可直接连接手机，无须转换器，使用起来方便快捷。声卡搭配电容麦克风使用，可以实现丰富的直播音效，操作界面简单。电容麦克风收音灵敏，音质比较好，必要时也可兼容计算机使用。

计算机直播：使用计算机进行桌面式直播，可选择"计算机声卡+电容麦克风"，特点是稳定性强、音质好，但计算机需要另外加摄像头。

手机和计算机一起直播：同时使用手机和计算机进行桌面式直播，可选择"计算机声卡+电容麦克风+转换器"。

3）多平台直播需要的设备

多平台直播可分为桌面式、移动式和移动加桌面组合式。

多平台移动式直播可选择"领夹麦克风+声卡+耳放+转换器"。

多平台桌面式直播可选择"电容麦克风+声卡+耳放+转换器"。

多平台移动加桌面组合式直播可选择"电容麦克风+声卡+领夹麦克风+转换器+耳放"。

知识拓展

在抖音开直播，要准备哪些直播设备？

安装直播设备是在直播前要准备的第一项工作。一般来说，准备手机、桌椅、美颜灯、手机支架，就能搭建一个简易的直播间，开始直播。

如果对画面要求较高，直播设备应包括桌椅、美颜灯、高配计算机、摄像头、补光灯、支架等。

若是有更高要求，直播间需要的设备就更多了，包括桌椅、美颜灯、高配计算机、摄像机、相机支架、补光灯、采集卡、调音台、提词器、监视器、导播台、LED屏、产品展示台等。

实践活动

1. 归纳、对比手机直播与电脑直播的优缺点

步骤：通过互联网搜索不同表现形式的直播案例，对比手机直播与计算机直播的优缺点（见表3-13）。

表3-13　手机直播与计算机直播的优缺点

直播种类	优点	缺点
手机直播		
计算机直播		

2. 为直播寻找合适的设备

步骤1：四人为一组，根据所学制订一套直播设备采购方案。

步骤2：在各大电商平台搜索相关设备的参数和价格。

步骤3：对比各种设备的性能后，小组讨论确定一套适合的直播设备，完成采购清单（见表3-14）。

步骤4：完成表格后，小组成员间互相讨论，推荐小组代表分享采购成果。

表3-14 直播采购清单

序号	设备名称	品牌	基本参数	特性	价格
1					
2					
3					
4					

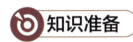

知识准备

3.3.2 搭建直播场地

直播环境，顾名思义，就是指主播在直播时所处的环境。这个环境最好是一处独立、安静的空间，面积足够即可。通常不建议在周边存在噪声干扰的地方直播。

当观众进入直播间时，直播间的整体搭建风格会给观众留下第一印象。直播间的搭建风格和直播设备，对直播间的观感和直播带货效果有着至关重要的影响。

一个好的直播环境需要注意以下方面。

1. 场地的选择

一个优秀的直播间的标准是饱满而不拥挤，既能让观众感受到直播间的丰富层次并在视觉上产生舒适感，又不至于太过拥挤。直播场地的大小要根据直播的内容进行调整，大致控制在5～20平方米。另外，要提前测试场地的隔音和回音情况，如果隔音不好或回音太重，都会影响直播的正常进行。

2. 背景的布置

在确定场地后，要对直播间适当进行面积划分和设计，考虑每个部分需要放什么东西，衡量在镜头里呈现的效果。直播间的背景建议和直播封面的背景类似，最好选择浅色、纯色背景墙，以简洁、大方、明亮为基础打造，不要太过花哨。一般不建议直接用白色墙面作为背景，因为白色在灯光的作用下会反光，展示产品时，容易给观众造成镜头模糊、看不清楚的困扰。

3. 产品陈列架

产品陈列架是放置直播间产品的货架，在辅助展示产品的同时让直播间看起来整洁有序。产品陈列架不是必需品，如直播间较小，可直接将当期直播的产品摆放在镜头前。

4. 产品介绍板

产品介绍板是主播在介绍产品时，对产品进行动态的播放，可以对主播所介绍的产品进行补充说明。在搭建时，可以专门设置电子板或投影仪来代替无法自动切换的黑板。

主播介绍是基于产品本身，而电子板播放广告或宣传片时打造的场景能帮助唤醒大众线下消费的记忆，促成交易。

5. 地面地毯

在比较宽敞的直播间，可以考虑在直播间铺设吸声毯来降低直播混响。直播间地面可以选择浅色系地毯、木地板，通常在展示美妆、服饰、美食、珠宝等产品时使用，更能凸显产品的品质。

6. 主播走位设置

主播走位设置是指在直播过程中，规划好主播活动的区域和路线，适用于服装类和运动类直播。提前设置主播走位，调试好能最大程度展示产品效果的角度，时刻考虑主播的站位是否能展现产品的优点，防止主播走出镜头。

路线设置用一句话来总结就是两点一线一区域。两点分别是主播近镜头展示细节的位置和能走到的最远距离进行定格展示的点；一线是路线的划定；一区域则是指主播活动的区域，直播时提醒主播不能超过这个区域。

实践活动

1. 归纳对比不同直播间环境的优缺点

步骤1：四人为一组，浏览各大知名主播的带货直播间。

步骤2：对比各种直播间环境后，小组讨论其优缺点，并填入表3-15中。

表 3-15 直播间环境对比

直播间名称	带货品类	优点	缺点

2. 搭建一个合适的直播间

步骤 1：四人为一组，依据所学知识尝试搭建一个直播间。

步骤 2：上网搜索相关资料，小组讨论直播间的定位和风格。

步骤 3：小组成员通过文字和图片的方式将搭建方案制成 PPT 演示文稿。

步骤 4：完成演示文稿制作后，推荐代表分享搭建创意。

任务评价

在学习完本任务后，参考表 3-16 和表 3-17 对本任务的完成情况进行评价。

表 3-16 学生自我评价

课程：_____ 姓名：_____ 班级：_____ 学号：_____

评价内容	自我评价		存在的问题
	我会了	我还有问题	
能否根据实际情况准备直播用的道具			
能否根据需要搭建直播场地			

表 3-17 教师评价

班级		学号		姓名	
出勤情况					
评价内容	评价要点	考查要点		分值/分	得分
查阅信息	任务实施过程中文献查阅	①是否查阅信息资料		15	
		②正确运用信息资料			

续表

评价内容	评价要点	考查要点	分值/分	得分
互动交流	与同学交流、互动	①积极参与交流	20	
		②主动接受教师指导		
任务完成情况	能否根据实际情况准备直播用的道具	掌握选择直播道具的要点	40	
	能否根据需要搭建直播场地	掌握搭建直播场地的要点		
素质目标达成度	团队协作	根据情况，酌情赋分	25	
	自主探究	根据情况，酌情赋分		
	学习态度	根据情况，酌情赋分		
	课堂纪律	根据情况，酌情赋分		
	出勤情况	缺勤一次扣5分		
总分			100	

任务4 设计直播脚本

任务描述

在布置完直播场地后,小青来到公司的文案策划组,开始了解直播脚本的撰写。通过跟岗学习,小青了解到直播脚本对一场直播的重要性。脚本涉及直播过程的每一个环节,有了脚本就可以非常方便地对主播每一分钟的动作行为进行指导,让主播清楚地知道在什么时间该做什么事情,以便介绍更多产品和服务的内容。

知识准备

3.4.1 了解直播脚本要素

1. 直播脚本的含义

脚本通常是一种计算机专业术语,是使用特定的描述性语言,依据规定的格式编写的可执行文件。脚本也被用到了表演戏剧和拍摄电影中,它是指表演戏剧、拍摄电影等所依据的底本或书稿的底本,是故事的发展大纲,用于确定故事的发展方向。

直播脚本,是指结合粉丝需求,通过书稿的方式写出的一个框架底本,是一项计划,主播可按照这个内容来进行直播,目的是让直播活动朝着预期的方向有序地进行。直播脚本是直播带货的框架,没有提前做好直播计划,实践起来就容易手忙脚乱。

2. 直播脚本的分类

对直播电商来说,直播脚本分为单品直播脚本和整场直播脚本。

单品直播脚本就是针对单个产品的脚本,以单个产品为单位,规范产品的解说,突出产品卖点。单品直播脚本内容一般包括产品品牌介绍、产品卖点介绍、利益点强调、促销活动、直播间的各种话术等,如表3-18所示。

表 3-18　单品直播脚本

主播安排	品牌介绍	产品数量	产品图片	产品卖点	利益点	日常价	直播活动价
需求引导							
直播时间安排							

直播话术包括留人话术、互动话术、产品介绍话术、逼单/憋单话术、成交话术，还有结束话术。在直播过程中，各种话术建议与技巧，如表 3-19 所示。

表 3-19　直播话术建议与技巧

话术内容	话术建议	技巧
抽奖规则	宝宝们，点赞数到××的时候，我们有一轮抽奖哦，我先卖个关子，是什么奖品大家积极点赞，到时候再揭晓	不提前透露具体的抽奖规则，引导粉丝停留在直播间
	宝宝们，这一轮抽奖是抽和我互动频率高的层级，点赞数到××的时候，让运营小哥揭晓抽哪一层级	假如最后抽的是钻粉，要积极引导新粉、铁粉和挚爱粉点赞互动
	刚刚讲到纱布面膜。请问纱布面膜是哪三重神经酰胺，将答案刷起来，截屏最后一位宝宝送礼物	利用提问互动方式抽奖
加强互动	宝宝们，如果你们想看我敷面膜，需要点赞数到××	只要过了点赞数，就可以观看主播敷面膜
	点赞数到××，我就请其他的主播/运营小哥给大家敷面膜	只要过了点赞数，最后都可以请运营小哥敷面膜
	点赞数到××，我就截屏抽粉丝送惊喜	惊喜可以是让粉丝点歌，要求敷哪一款面膜，实物福利（发带、唇膏等），以及大促抽截屏奖
	如有监播和场控，可在中场增加互动环节	根据现场的情况，增加互动环节
引导关注直播间	宝宝们，还没有关注直播间的赶紧关注哦，新粉福利多多，还可以参与直播间抽奖赢大额优惠券哦	当有未关注的新粉进入直播间时，点其名让其关注；直播全程都要不断地引导关注直播间
领购物车券	新进入直播间的宝宝们，还没有领取直播间的10元优惠券的，在购物车16号下滑领取哦，关注入会还可以立减5元	演示如何领取，需要注意的是每个订单只能使用1张优惠券，且有对应的使用期限

续表

话术内容	话术建议	技巧
引导转化	例子：针对补水面膜，推荐22号链接，买就加赠5片海冰面膜，一次性带走25片面膜。如果你的手速够快，在前200名下单就送10片海冰面膜，一次性带走30片面膜，领10元专享券，159减10，只要149元，每片不到5元！如果你在直播间互动参与抽奖，将有机会领取159减50优惠券，到手只要109元！心动不如行动，赶紧下单吧。补水面膜，护肤必备，可以和对象、和妈妈一起敷，一起补水变美	介绍产品+对应链接+机制/领券/福利点+感性话术 介绍完产品之后，推荐对应的购物车链接，现在下单非常优惠，买就送赠品，还可以领取直播间10元专享券，并且可以参与直播间抽奖互动赢取大额优惠券159减50，折算下来只要××，平均每片××，非常划算
进阶话术		
序号	行为	话术建议
1	每10分钟要引导购物车领券	向粉丝展示如何领券，反复提醒
2	介绍完每款产品，引导购物车下单	产品+购物车链接，福利点
3	见新粉丝进直播间叫对方名字，表示欢迎	比如"月亮宝宝你好，欢迎进入直播间，今天直播间福利多多，千万不要错过"
4	见新粉丝进直播间叫对方名字，引导关注	比如"月亮宝宝你好，欢迎进入直播间，赶紧关注我们的直播间，有很多福利，千万别错过"

整场直播脚本就是以整场直播为单位，规范正常直播节奏流程和内容。整场直播脚本框架包括直播主题、直播时间和直播目标，以及定好各个岗位的分工内容。具体内容包括直播的前、中、后期主播要做什么动作，目的是什么，配合什么样的福利，开场话术、互动话术、结束话术等。

3. 编写直播脚本

不管是整场脚本还是单场脚本，涉及的要素不少，包括直播目标、人员安排、直播时间、直播主题等。

1）直播目标

确定本场直播的目标，可以具体到观看量、涨粉量、点赞量、进店率、转化率、销售额等。

2）人员安排

每一场直播都会有很多工作人员，比如主播、助播以及后台客服人员等。在直播脚本中，需要对人员进行具体安排：主播负责引导观众、介绍产品、解释活动规则；助播负责现场互动、回复问题、发送优惠信息等；后台客服人员负责修改产品价格、与粉丝沟通、转化订单等。

3）直播时间

确定的直播时间一定要严格执行，明确直播时间和时长，建议直播时长为3～4小时。建议尽量将直播时长固定，并且每次都能准时开播，这样做能够让粉丝养成按时观看直播的习惯。到直播结束时间时，就算产品还没有介绍完，也要放到下一场直播中。这样做可以给粉丝留下悬念，而且一定要预告下次的直播时间，在让粉丝养成观看习惯的同时，还能让粉丝对主播保持新鲜感。

4）直播主题

确定好直播主题，直播主题与直播目标是不一样的，直播主题包括直播场景、产品品类和本场卖点。确保直播保持在主题方向上，使主题不会跑偏。突出产品特点，比如口红就要突出颜色、润唇度、涂口红的技巧等。

5）流程细节

直播脚本中的流程细节是重中之重，要具体到每一分钟。分时间段制订活动策略，要明确写出热场展示产品、更换产品引导互动、解答问题、拍摄直播切片等时间范围，并定时抛出直播福利，比如开场下单、买一定金额赠送，通过整点抽奖、限量秒杀等制造紧迫感。

6）主推产品的选择

在直播脚本里，要将产品特点、功能卖点以及价格卖点都一一整理出来，这样主播在介绍产品时，才能做到有条不紊，传递给粉丝的信息也会更加真实和准确。

7）优惠和活动

在直播间开展优惠活动既能活跃直播间的气氛，又能引导粉丝消费，但主播一定要详细介绍活动规则。

8）直播分享

分享的渠道包括直播粉丝群、商家粉丝群等，要确保每个渠道都能正常连接直播间。同时，分享有利于维护直播间，也可以避免主播冷场，随时都可以与粉丝交流，从而带动直播间的气氛。

9）活动总结和复盘

直播结束后，要及时跟进订单、公布中奖名单、做好粉丝维护等，确保用户的消费体验。根据粉丝对本场直播的评价,进行改进优化。将一些直播片段剪辑成小视频或记录相关的文章进行推广宣传。

一份合格的直播脚本都会具体到每分钟,比如 20 点开播,20 点—20 点 10 分就要进行预热,和观众打招呼,另外还包括产品介绍,每款产品介绍多久,尽可能把时间规划好,并按照计划执行。比如每个整点截图有福利,点赞数到 10 万提醒粉丝截图抢红包等,所有在直播过程中呈现的内容,都需要在直播脚本中细化出来,如表 3-20 所示。

表 3-20　直播脚本编写逻辑

直播主题	"双十二"要来咯!	主播	A	注意事项:
直播目标	销售额 10 万元	运营	B	
带货产品	冬季护肤品	场控	C	
直播时间	11 月 1 日 20 点—22 点	助理	D	

序号	时间	流程	产品类目	产品名称	产品规格	日常价	直播价	包邮范围	口播关键词	备注
1	14 点—17 点	直播预告								
2	20 点—20 点 10 分	开场互动抽奖								抽取奖品
3	20 点 10 分—20 点 25 分	产品分享 1	护肤品	面霜	200 毫升	189 元	159 元	全国包邮	适合敏感肌的秋冬季面霜,没有油腻感,高保湿	
4	18 点 25 分—18 点 40 分	产品分享 2	护肤品	洁面乳	300 毫升	109 元	79 元	全国包邮	清洁能力超强的洁面乳,卸妆洁面二合一	
……										

实践活动

1. 讨论一场直播

步骤 1:四人为一组,通过讨论,分析组织一场直播前期需要做哪些策划活动。

步骤2：结合本地区的产业特色，策划一场主题直播活动，分析主题的意义和特色。

步骤3：将小组讨论的结果填入表3-21中，完成后派一名代表分享小组观点。

表3-21　小组讨论结果

直播主题	
直播产品	
优势特色	

2. 分析直播现场人员的安排

步骤：通过直播平台选择现场直播参与者超过两人的直播间，回看某一时段直播内容，根据所学分析本场直播过程中的人员安排，并填写表3-22。

表3-22　分析直播现场人员的安排

直播主题		直播时间	
直播地点		产品数量	
序号	岗位类型	工作内容	
1			
2			
3			
4			
5			

知识准备

3.4.2　规划直播SOP流程

在直播带货过程中，优秀的直播脚本一定要考虑细枝末节，让主播从上播到下播都有条不紊，让人员、道具都得到充分调配。因此，直播脚本需细化到每一个直播现场环节，规划出直播标准化现场流程（即直播SOP流程），包括详细的时间节点以及在该时间节点内主播要做的事和说的话。

需要注意的是，直播脚本不是一成不变的，需要不断优化、调整。

一般来说，直播 SOP 流程包括以下五个环节。

（1）开场预热：打招呼、介绍自己、欢迎观众到来、介绍今日直播主题、利用现场活动吸引观众停留等。

（2）话题引入：根据直播主题或当前热点事件来切入，目的是活跃直播间气氛，激发观众兴趣。

（3）产品介绍：根据单品直播脚本介绍产品，重点突出产品性能优势和价格优势。

（4）粉丝互动：直播间福利留人，如点关注、送礼、抽奖、促单话术、穿插回答问题等。

（5）结束预告：回顾整场产品，感谢观看，引导关注，预告下次直播时间、产品和福利。

实践活动

1. 列举直播粉丝互动形式

根据自己所见所闻，归纳总结一场直播活动中常见的粉丝互动的形式。

2. 对比直播 SOP 流程的优缺点

步骤 1：四人为一组，在直播平台中选择两个不同主题的直播活动，认真回看其 SOP 流程的设置。

步骤 2：对比两场直播 SOP 流程的优缺点。

步骤 3：完成直播 SOP 流程对比（见表 3-23）。

步骤 4：小组讨论，选出代表分享体验成果。

表 3-23　直播 SOP 流程对比

直播主题	主播人设标签	开场预热	粉丝互动	优惠活动

任务评价

在学习完本任务后，参考表 3-24 和表 3-25 对本任务的完成情况进行评价。

表 3-24　学生自我评价

课程：_____　姓名：_____　班级：_____　学号：_____

评价内容	自我评价		存在的问题
	我会了	我还有问题	
是否了解直播脚本要素			
是否能够规划直播 SOP 流程			

表 3-25　教师评价

班级		学号		姓名	
出勤情况					
评价内容	评价要点	考查要点		分值/分	得分
查阅信息	任务实施过程中文献查阅	①是否查阅信息资料		15	
		②正确运用信息资料			
互动交流	与同学交流、互动	①积极参与交流		20	
		②主动接受教师指导			
任务完成情况	是否了解直播脚本要素	掌握直播脚本撰写的基本要求		40	
	是否能够规划直播 SOP 流程	掌握规划直播 SOP 流程			
素质目标达成度	团队协作	根据情况，酌情赋分		25	
	自主探究	根据情况，酌情赋分			
	学习态度	根据情况，酌情赋分			
	课堂纪律	根据情况，酌情赋分			
	出勤情况	缺勤一次扣 5 分			
总分				100	

项目总结

学习本项目后要全面了解直播前的各项筹备工作，包括确定直播内容和计划、做好预热宣传、优化配置直播资源、搭建直播场地、设计直播脚本。本项目是非常重要的部分，通过本项目的学习，同学们可更深入地了解直播筹备的专业性和重要性，养成脚踏实地的工作态度。

理实一体化习题

一、单项选择题

1. 直播间粉丝画像可以通过（　　）工具进行分析。

   A. 百度指数

   B. 360 指数

   C. 手机千牛

   D. 生意参谋"直播"模块

2. 可以成为直播间引流款的商品是（　　）。

   A. 利润商品

   B. 福利商品

   C. 主推商品

   D. 高价商品

3. "打造自然裸妆好物推荐"这一直播标题体现了标题撰写的（　　）要点。

   A. 直戳痛点

   B. 福利吸引

   C. 突出重点

   D. 遵守规则

4. 预热海报采用（　　）的常规分辨率，基本能够在大部分智能设备中以"满屏"的形式显示。

   A. 1 080 像素 ×1 920 像素

   B. 640 像素 ×1 136 像素

   C. 640 像素 ×640 像素

   D. 1 024 像素 ×1 366 像素

5. 主流补光灯主要有两种：光圈补光灯和（　　）。

　　A. 强光灯

　　B. 白炽灯

　　C. 灯箱

　　D. 镭射灯

6. 梳理产品卖点中的产品特征，包括产品功能卖点和（　　），帮助主播在介绍产品时给观众提供更真实、准确的信息。

　　A. 产品大小

　　B. 产品质量

　　C. 产品价格卖点

　　D. 产品原产地

7. 直播脚本，是指结合粉丝需求，通过（　　）的方式写出的一个框架底本，是一项计划。

　　A. 图片

　　B. 书稿

　　C. 视频

　　D. 动画

8. 在直播过程中通过提示优惠活动内容和福利发放方式，可以更好地调动直播间的气氛，引导（　　）。

　　A. 粉丝加关注

　　B. 粉丝互动

　　C. 粉丝消费

　　D. 粉丝管理

二、简述题

1. 直播预热自有渠道有哪些？

2. 简述打造直播人设的基本步骤。

3. 简析手机直播需要哪些设备。

4. 说说直播脚本的重要性。

三、实训题

实训名称：撰写直播脚本。

项目 3　做好直播准备

实训背景：小组成员积极参与了直播场地搭建，熟悉了直播脚本的理论知识。在企业导师的带领下，他们将参与一场助农直播项目，经过前期的调研和准备，现在进入直播脚本的撰写阶段。

实训目的：通过真实的商业直播项目，熟悉直播脚本的撰写，为直播活动做好充分的准备。

实训过程：

步骤1：组建实践团队，讨论选择任命一名小组长。

步骤2：通过小组会议，初步确定直播的产品并梳理直播前的准备工作，小组长对成员进行分工，明确各项工作的时间要求。

步骤3：根据企业要求，明确直播各个环节的促销策略，设计粉丝互动环节等。

步骤4：撰写整场直播脚本，反馈给企业导师。

实训评价：根据实训过程及实训报告进行评价，实训评价如表3-26所示。

表3-26　实训评价

评分内容	评价标准	分值/分	自评	师评
组建工作团队	能够合理组建团队，否则酌情扣分	15		
进行小组分工	能够进行合理分工，否则酌情扣分	15		
明确直播各个环节的促销策略，设计粉丝互动环节	能够根据直播内容设计促销环节，否则酌情扣分	30		
撰写直播脚本	脚本内容完整、规范，符合直播要求，否则酌情扣分	40		
合计		100		

体会与收获：

教师点评：

项目 4

实施直播活动

项目综述

俗话说,一篇好文章既要有"凤头",也要有"豹尾",就是说开头要像凤头一样漂亮,结尾要像豹尾一样有力。其实直播也一样,不仅开场要吸引观众,结尾也要让观众回味无穷,这样才能最大化地促进销售。

通过前几个项目的学习,小青已经掌握了直播电商的基础知识,熟悉了直播营销活动策划和筹备的工作要求。

(一)知识目标

1. 掌握直播开场的方式技巧。

2. 掌握产品介绍的常见方法。

3. 熟悉促进下单转化的技巧。

4. 熟悉直播收尾的主要方式。

(二)技能目标

1. 能够筛选分析商品信息。

2. 能够面对镜头流利地进行表达。

3. 能够有效地进行商务活动沟通。

(三)素养目标

1. 树立团队协作意识。

2. 养成诚信自律的职业素养。

3. 具有一定的消费需求洞察力。

任务1　预热开场环节

为了控制预热开场的节奏，以最佳的状态开场，吸引观众留在直播间，需要事先做好计划，选择合适的直播开场形式。

4.1.1　确定直播开场形式

1. 直播开场设计的要素

在开播时，观众的第一印象非常重要。一个吸引力不够的直播开场，是无法留住观众的。

直播开场设计需要考虑以下四大要素。

1）激发观众兴趣

调查分析观众的兴趣爱好，在开场中引入观众感兴趣的话题，有利于调动观众的积极性。

2）促进观众推荐

直播开场时，鼓励在线观众邀请朋友进入直播间，对提出邀请的观众给予红包、优惠券等多种奖励，形成裂变，快速吸引新观众。

3）带入直播场景

观众来自全国各地，不同职业、不同身份的观众正处于不同的场景。只有将观众带入直播场景，才能让观众心甘情愿地留在直播间。具体案例如下。

"美好生活一起嗨"国美海尔直播的开场场景。

主播回到家，"你好，电视，我回来了"，随之电视和空调自动打开，窗帘自动关闭。

主播坐在沙发上，"你好，电视，我要看节目"，电视开始自动播放节目。

突然一个视频电话打来,电视同步显示并接通视频画面,主播说"接通视频",朋友和主播打招呼并说"直播快开始了,你快过来吧",主播回复"好的,我这就来",说完后视频挂断。

主播起身,"你好,电视,我要出门",电视和空调随之自动关闭,窗帘自动打开。

通过这样的方式,一开场就把观众带入了未来智家生活的场景。

4)渗透营销目的

做直播最终是为了达到营销目的。在设计直播开场环节时,可以通过提前预告福利活动留住观众。同时,可将企业广告语、产品名称、销售口号等穿插植入台词中,并利用现场道具对企业品牌进行展示。

2. 直播开场形式

常见的直播开场形式有以下七种。

1)主题介绍

对偶然进入直播间的观众来说,直播主题不明确的情况下,观众很容易离开。因此,在直播一开场使用欢迎语后,可加入介绍直播主题的环节,预告对观众有价值的信息。具体案例如下。

【护肤品直播】

开场话术:欢迎大家来到直播间,点点关注不迷路,主播带你寻好物。今天直播间为大家分享的主题是买护肤品如何避免踩坑。敏感肌、油皮、干皮的女生,应该如何选择护肤品,今天都会一一为大家详细介绍!

2)福利诱惑

在开场环节,通过预告福利可以吸引观众在直播间停留,也有利于粉丝的裂变。具体案例如下。

【红包雨开场】

开场话术:直播间为你准备60万元现金红包雨,千万不要错过哦!

【大额优惠券开场】

开场话术:进来的家人们,不要着急离开,待会儿我们将送出超大额优惠券,满减立享超低价格!

直播间抽奖是主播快速聚集人气、延长观众停留时长的重要方法。直播抽奖本身就带有一定的"免费"或"优惠"的性质,观众只要动动手指就能参与抽奖,因此非常具有吸引力。在直播开场话术中,提前预告这些福利活动,可以给观众留下深刻的印象,引导他们时刻关注直播间的抽奖活动。

3）引用故事

不同年龄段、不同社会阶层的人都爱听故事，以生动有趣的故事作为直播间的开场，对观众也有一定的吸引力。通过一个故事开场，带着观众进入直播所需的场景，能很好地开展接下来的环节。这里的故事可以是古人的故事，也可以是自己身边的真实故事和所见所闻，还可以是在网上看到的小故事。

4）问题导入

提问能够引发观众的思考，激发观众观看的兴趣，提高参与感。

挖掘痛点：从用户的角度分析，大部分的年轻女性经常看攻略买护肤品，然而钱花了不少，皮肤却越来越差。对年轻女性来说，钱和皮肤就是两个痛点。

开场话术：女生们，你是否遇到"钱花了，皮肤反倒越来越差"的问题呢？

这段开场白通过问题导入，很自然地衔接了接下来的护肤品直播带货活动。

5）数据说服

数据是最有说服力的，抛出数据能立刻令观众信服。需要注意的是：所引用的数据必须是真实的、权威的，否则会引发观众反感从而离开直播间。

6）借助道具

主播可以借助道具来辅助开场。开场道具包括企业产品、团队吉祥物、热门卡通人物、旗帜与标语、场景工具等。

7）热点开场

互联网时代，人们接受信息的速度快、数量多，而热点信息则是广大观众重点关注的话题。尤其是参与直播的观众，普遍对网络上的热门事件和热门词语有所了解。因此，主播开场时借助热点可以拉近自己与观众的心理距离。

实践活动

1. 在你观看过的直播开场中，哪一场最能吸引你？你能模仿该主播为大家呈现该直播开场吗

步骤1：四人为一组，每个成员在小组内分享最吸引自己的直播开场。

步骤2：每个小组找出小组内最有吸引力的直播开场。

步骤3：各小组组内模仿演练直播开场话术，派一名代表向全班同学进行直播开场。

项目 4　实施直播活动

2. 假如当地旅游部门邀请你为家乡的特产开展一场直播活动，目的是宣传产品和促进销售。作为主播，你将使用哪种开场形式？如何设计话术

步骤1：四人为一组，确定要宣传的家乡特产。

步骤2：罗列直播开场的七种形式。

步骤3：小组成员间互相讨论，确定选择哪一种形式作为直播开场。

步骤4：探讨并罗列具体的直播开场话术，选出一名代表分享成果。

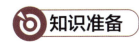知识准备

4.1.2　巧用开场留客技巧

1. 直播开场留客话术

直播开场留客话术见表4-1。

表 4-1　直播开场留客话术

序号	话术
1	再过5分钟就要开始抽奖了！大家千万不要走开
2	宝宝们，20点我们有发红包活动，21点我们有10元特惠活动哦
3	下一次抽奖将在20分钟后开始！会送出××大礼！大家千万不要走开
4	欢迎刚来的小伙伴，点击关注主播，关注人数达到200人就会有一大波红包福利，点赞数达到1万次也会发红包
5	恭喜××中奖了！太幸运了吧！赶紧点击左下角的购物袋，联系客服领取奖品！没有中奖的宝宝也不要走开，直播最后还会抽取"0元拍免单"大奖

2. 直播间留客技巧

1）黄金3秒法则

直播间"黄金3秒法则"，就是在3秒的时间内抛出一个吸引人的话题，留住观众。

例如，"下面我教大家如何解决直播间闪进闪出的问题，飘过直播间的朋友想听的扣5个8"。这样的话题会吸引存在这些问题的观众继续观看直播，增加了观众在直播间的停留时间。

2）直播间背景搭建

直播间背景的色彩搭配很重要，建议以简洁、大方、明亮的浅色或纯色为主，不要

使用太压抑的暗色调。

如果是节假日,如开学季、旅游季、吃货趴、七夕专场等节日,可以适当布置一些与节日气息相关的东西,以此吸引观众目光。

3)直播开场福利诱惑

直播开场 5~7 分钟后,想让观众留下来,就要适当进行福利诱惑,包括抽大奖、抽大红包、秒杀福利、送大礼、折扣等,并号召观众互动刷屏,留住观众观看直播。

抽大奖:不少直播红人在直播过程中有很多抽奖环节。例如,淘宝某主播在每场直播开头都会先说这样一句开场白:"话不多说,我们先来抽奖。"更重要的是,她的奖品性价比高,单价不低于百元,且产品比较热门。

抽大红包:在直播间下红包雨、发大红包等有利于留住观众。例如,江西省赣州市南康区某区长在拼多多直播间开展南康家具带货电商销售专场直播,通过现金红包等创新营销方式,短短半小时的直播吸引了 300 余万人围观,该区长通过在直播间内发送多轮红包,促使南康家具产业带成交额达 5 000 多万元。

秒杀福利:在直播间不定时地推出一些秒杀款产品,有利于拉动直播间人气和提高热度。例如,某健身产品店铺每个整点都有一款秒杀价产品,有效地吸引观众留在直播间。

送大礼:通过直播间下单,即可赠送有价值的礼品。例如,某皮鞋公司直播间开展了进直播间购买皮鞋,则随机送出一条皮带的活动,吸引观众留在直播间观看,并促使观众下单。

折扣:可使用直播间专享优惠来留住观众。例如,某品牌在直播间时说明产品在实体店要 59 元,而直播间下单只需要 39 元。

知识拓展

开场要素

1. 不断抛出话题

很多新手主播在自我介绍后会冷场,这是直播的大忌。主播要不断地主动抛出话题,让每个进入直播间的观众都能感受到氛围。

例如,主播可以热情地跟每个进入直播间的观众打招呼,可以念出他们的昵称;说一说今天自己经历的有趣的事;认真回复每一条评论。

项目 4　实施直播活动

2. 引发观众好奇心

人都有好奇心，主播要充分利用这种心理进行直播热场。在直播开场时引起观众的好奇心，能让接下来的直播顺利很多。

例如，利用观众对新鲜产品的好奇心，主播可以准备福袋、新品等，在直播开场就告诉观众，隔一段时间送福利，引起观众对福利的好奇心。

3. 强化个人标签

主播要让别人谈论起某个关键词就能想到自己，给自己打造一个或多个个性化标签。

实践活动

1. 请试着总结直播留客技巧

不同品类的产品直播开场时需要用哪些不同的留客技巧？

为了使观众留在直播间，主播在开场时需要运用一些留客技巧。思考表 4-2 中不同直播产品开场时适合运用哪些留客技巧。

表 4-2　不同直播产品开场的留客技巧

直播产品	留客技巧 1	留客技巧 2	留客技巧 3
美食			
女装服饰			
运动产品			
家居产品			

2. 在你观看过的直播开场中，哪一场吸引你停留的时间最长？你能模仿该主播向大家呈现该场直播开场的留客技巧吗

步骤 1：四人为一组，每个成员在小组内分享吸引自己停留时间最长的直播开场。

步骤 2：每个小组找出小组内运用留客技巧最恰当的直播开场。

步骤 3：各小组组内模仿演练直播开场留客话术，派一名代表面向全班同学进行直播开场。

3. 假如当地旅游部门邀请你为家乡的特产开展一场直播活动，以宣传该特产并促进销售。作为主播，你将使用哪种开场留客技巧？具体如何设计话术

步骤 1：四人为一组，确定要宣传的家乡特产。

步骤2：罗列直播开场的三种留客技巧。

步骤3：小组成员间互相讨论，选择合适的留客技巧。

步骤4：探讨并罗列具体的留客技巧，选出一名代表分享成果。

任务评价

在学习完本任务后，参考表4-3和表4-4对本任务的完成情况进行评价。

表4-3 学生自我评价

课程：_____ 姓名：_____ 班级：_____ 学号：_____

评价内容	自我评价		存在的问题
	我会了	我还有问题	
是否能确定直播开场形式			
是否能够熟练运用各种留客技巧			

表4-4 教师评价

班级		学号		姓名	
出勤情况					
评价内容	评价要点	考查要点		分值/分	得分
查阅信息	任务实施过程中文献查阅	①是否查阅信息资料 ②正确运用信息资料		15	
互动交流	与同学交流、互动	①积极参与交流 ②主动接受教师指导		20	
任务完成情况	是否能确定直播开场形式	掌握确定直播开场形式的注意事项		40	
	是否能够熟练运用各种留客技巧	掌握各种留客技巧			
素质目标达成度	团队协作	根据情况，酌情赋分		25	
	自主探究	根据情况，酌情赋分			
	学习态度	根据情况，酌情赋分			
	课堂纪律	根据情况，酌情赋分			
	出勤情况	缺勤一次扣5分			
总分				100	

项目 4　实施直播活动

任务2　进行产品介绍

学习产品介绍的三个重要技巧，即讲好品牌故事、介绍产品卖点和创设使用场景。

知识准备

4.2.1　讲好品牌故事

1. 什么是品牌故事

品牌故事是在品牌传播过程中整合企业形象、产品信息等基本要素，加入时间、地点、人物以及相关信息，并以完整的叙事结构或感性的故事形式进行的品牌推广方式。品牌故事一般围绕品牌创始人及其行为展开，通过生动、有趣、感人的表达方式唤起消费者的共鸣。

2. 品牌故事的作用

在直播过程中介绍品牌故事，可以增进观众对品牌的认知，增强品牌的吸引力。观众对产品背景了解得越多，就越会产生信任感，进而促进成交。

3. 如何在直播中讲好品牌故事

品牌故事常见的呈现方式是精心撰写的文案，具体案例如下。

五芳斋的品牌故事

2 000年前，屈原、伍子胥留下不朽传奇，家国情怀演绎成端午食粽的习俗并流传后世。600多年前，"嘉湖细点"开创江南点心流派并闻名华夏，其中尤以粽子为代表，自清末起便盛行于嘉兴民间。1921年，浙江兰溪籍商人在嘉兴城内张家弄开设了首家粽子店，由三人合伙出资组成五股，故取名"五芳斋"，寓意"五谷芳馨"，由此开启了老字号的百年历程。

20世纪40年代，五芳斋粽子以"糯而不糊、肥而不腻、香糯可口、咸甜适中"的特色被誉为"粽子大王"。经历了半个多世纪的变迁，五芳斋坚守品质之道，铸就了家喻户晓的金字招牌。历经百年沧海沉浮，凝聚几代人的心血努力，五芳斋在一次次蜕变转型中走上了现代企业发展之路。

如今，五芳斋尊崇"和商"理念，秉承传统美食文化之精髓，创新老字号发展之路径，倾力打造以米制品为核心的完整产业链，续写五芳斋新百年的辉煌篇章。

从上面的案例来看，简单地将书面化的文案念出来，容易让观众丧失兴趣而退出直播间。因此，直播过程中讲品牌故事的时间不宜过长，以1~2分钟为宜。为了尽可能地吸引观众，我们要把品牌故事的文案进行适当提炼，一般遵循以下方法。

1）提炼故事核心

上述品牌故事的文案里，句子都比较长，如果直接转述，观众是很难记住的，因此要把故事的核心内容以关键词或短句的方式提炼出来。五芳斋品牌故事要表达的核心内容有两个：一是历史悠久，二是品质上乘。

2）把文案口语化

在故事原文中"开启了老字号的百年历程""经历了半个多世纪的变迁"等的表达过于书面化，直播时要进行口语化处理。可以这样讲："五芳斋从创立到现在，已经超过100年了，是名副其实的百年老字号。五芳斋的粽子材料好、味道好、品质好，绝对是行业公认的。"

3）突出品牌差异性

五芳斋的品牌差异性主要体现在品牌历史上，因此在直播中，主播可以反复强调其品牌历史积累，暗示品牌历史背后的产品品质保证。

根据上述技巧，在直播中可以这样介绍五芳斋的品牌故事：

"五芳斋的品牌，相信没有人没听说过吧！五芳斋从创立到现在，已经超过100年了，是名副其实的百年老字号。有多少店家做粽子能做100年？很少很少吧！五芳斋是老牌子，粽子材料好、味道好、品质好，绝对是行业公认的。我们过端午吃粽子，吃的就是传统，五芳斋100多年以来，都坚持用传统工艺给大家做粽子，每吃一口，都是传承的味道。"

项目 4　实施直播活动

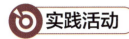

请根据直播文案提炼的三个要求，改写当地特产品牌故事，使之成为不超过 1 分钟的直播话术。

步骤：四人为一组，每个组员写好后在小组内轮流进行口播，完成组内点评，并提出修改建议。

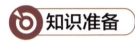

4.2.2　介绍产品特点

介绍产品特点是直播最重要的部分，卖点提炼得好不好，直接决定了主播能否在最短时间内把产品特点向观众解释清楚。

1. 什么是产品卖点

产品卖点是指产品具有的能吸引消费者购买的特色和特点。这些特色和特点，一方面是产品与生俱来的，另一方面是通过营销策划人员的想象力和创造力挖掘出来的。

2. 卖点提炼的技巧

可以使用"FAB 法则"提炼卖点。

F（Feature）：指属性或功效，即产品的形状、优劣、用途等。

A（Advantage）：指优点，即自己与竞争对手有何不同。

B（Benefit）：指客户利益与价值，即产品或服务的某个优点给客户带来的利益。

产品卖点的提炼要根据产品的具体情况和特点来进行，尽可能做到从多方面提炼卖点（见表 4-5）。

表 4-5　提炼卖点

序号	卖点提炼方向	产品举例	卖点
1	市场地位	某品牌婴儿奶粉	销量领先
2	价格	某品牌零食	第二件 0 元
3	服务	某品牌台灯	只换不修

续表

序号	卖点提炼方向	产品举例	卖点
4	产地	某产地水果	赣南水果种植基地
5	时间	某品牌白酒	30年陈酿
6	店主魅力	某品牌洗面奶	某主播力荐
7	技术创新	某品牌无线充电器	无须插电

3. 卖点介绍的注意事项

1）用关键词来表述产品卖点

在直播中介绍产品卖点时要尽量少用长句子，尽量把产品卖点用关键词或简短的语句清晰地表述，以加强观众的记忆。

【土鸡蛋】

介绍话术：这是正宗的贵州五谷土鸡蛋，新鲜、营养、健康、无激素，是补充蛋白质的首选食品，每天吃一个，保证营养所需。

2）将卖点介绍与引导购买结合

直播时不加控制地讲产品卖点，会让观众感到主播在吹嘘产品，产生被强行营销的感觉。每讲一个卖点，要适当提示活动价格、商品链接、领优惠券的方式等，这样既不会使信息量太过集中，又能有效地引导观众下单。

3）结合卖点来解答评论区提问

主播要有意识地分析观众所提出的问题或留言，尽可能结合产品卖点来回应观众的信息，这样也避免了主播自卖自夸的尴尬。

实践活动

1. 找到当地特色产品详情页文案，根据 FAB 法则提炼产品卖点

根据 FAB 法则提炼的卖点（使用关键词）：

产品名称：_____

F：_____

A：_____

B：_____

项目 4 实施直播活动

2. 请在上述产品卖点提炼的基础上，写成 1 分钟左右的直播话术来介绍产品，并以两人小组为单位相互演练（见表 4–6），相互评价，并提出修改建议

表 4–6 小组评价

直播话术：		
话术	评价	修改建议
话术 1		
话术 2		

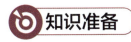

4.2.3 创设使用场景

在做直播时，主播会在镜头前演示或试用产品。这是直播带货的一个重要技巧——创设使用场景。

1. 使用场景的含义

使用场景有三个核心要素，即使用对象、用户需求和使用情境。因此，使用场景可以理解为"谁在什么情况下要解决什么问题"。

2. 常见的使用场景创设方法

1）食品直播的使用场景创设

在直播食品时，主播一般会在镜头前品尝食品，除了一边吃一边描述食品的口感、味道之外，还会描述这款食品适合在什么地点、什么时间吃。

2）生活用品直播的使用场景创设

为生活用品创设使用场景时，要注意考虑这种产品能够帮助用户解决什么问题，从而描述相应的场景，让观众有代入感，说服观众这种产品能够解决他们生活中遇到的某个困扰。具体案例如下。

【卷发棒】

使用场景创设话术：用卷发棒卷头发时，如果电线老是绕在一起，真的很麻烦。这款卷发棒就很好地解决了这个问题，它有360度可旋转电线，不管你怎么卷，它都不会缠绕，整个造型10分钟就能搞定。

3）服饰直播的使用场景创设

在介绍服饰类产品时，重点是抓住服饰的风格，如适合在什么场合下穿，最好找一些首饰、帽子、箱包等进行搭配，为观众展示一个完整的造型，同时进行相应的介绍。具体案例如下。

【碎花连衣裙】

使用场景创设话术：这条裙子特别适合旅游时穿，波点永远都不会过时，喜欢的朋友可以搭配这种小挎包，或者休闲一点的手提包，走在路上回头率一定很高哦！

实践活动

1. 试分析表 4-7 中的产品能解决用户什么问题

表 4-7　产品及其能为用户解决的问题

序号	产品	能为用户解决的问题
1	按压式洗洁精	
2	家用智能监控摄像头	
3	防水型防晒乳液	

2. 自选一款产品，完成 1～2 分钟的模拟直播视频录制

要求：视频以"大家好，我是××学校的×××"开头，视频总时长不超过2分钟，可自行剪辑，视频内容为产品卖点介绍。

任务评价

在学习完本任务后，参考表 4-8 和表 4-9 对本任务的完成情况进行评价。

项目4 实施直播活动

表4-8 学生自我评价

课程:_____ 姓名:_____ 班级:_____ 学号:_____

评价内容	自我评价		存在的问题
	我会了	我还有问题	
是否能够进行品牌故事介绍			
是否能够有针对性地介绍产品特点			
是否能够在直播过程中创设使用场景			

表4-9 教师评价

班级		学号		姓名	
出勤情况					
评价内容	评价要点	考查要点		分值/分	得分
查阅信息	任务实施过程中文献查阅	①是否查阅信息资料		15	
		②正确运用信息资料			
互动交流	与同学交流、互动	①积极参与交流		20	
		②主动接受教师指导			
任务完成情况	是否能够进行品牌故事介绍	掌握品牌故事的介绍方法		40	
	是否能够有针对性地介绍产品特点	掌握介绍产品特点的方法			
	是否能够在直播过程中创设使用场景	掌握创设使用场景的方法			
素质目标达成度	团队协作	根据情况,酌情赋分		25	
	自主探究	根据情况,酌情赋分			
	学习态度	根据情况,酌情赋分			
	课堂纪律	根据情况,酌情赋分			
	出勤情况	缺勤一次扣5分			
总分				100	

任务3　促进下单转化

任务评价

为了促进下单转化，要先与观众营造良好的互动氛围，在互动过程中分析客户的购买动机，然后引导观众在观看直播时下单。

知识准备

4.3.1　营造互动氛围

1. 营造互动氛围的重要性

在直播间要想促进更多的观众下单，最核心的元素就是做好直播间的互动。直播间的互动率在一定程度上决定着观众的停留时长、回访率、关注率以及转化率。互动效果的好坏对能否获得观众的信任和促进订单有着很关键的作用。

2. 营造互动氛围的方法

直播电商营造互动氛围常见的方法有以下六种（见图4-1）。

1）弹幕互动

弹幕互动主要包括两类：第一类是观众之间的互动，如"给刚才这位朋友点赞""同意上一条弹幕"等；第二类是主播与观众之间的互动，如"我身高160厘米，体重53千克，推荐什么码""主播，今天有抽奖吗"等。第一类主播无须处理，而第二类就需

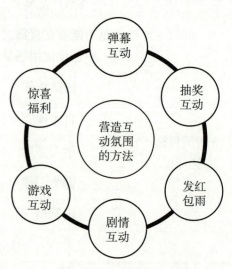

图4-1　直播电商营造互动氛围的方法

要主播积极参与互动,及时回应观众的疑问,解答观众的问题。

面对观众"怎么购买"的疑问,主播马上拿出手机演示购买过程;当观众"分享了直播间"时,主播立即表示感谢;面对观众"红东云有吗""有没有便宜的奥利维亚"等问题,主播一一回答。

2)抽奖互动

抽奖互动包括抽优惠券、抽红包、抽淘金币等。抽到的优惠券限时限量,更能促进观众下单。还可以设定几款产品,抽到奖的观众可以5折购买。

可用截屏抽奖的方式,在直播间说"各位亲在直播间扣1,我倒数5个数后截屏,被我截到的人会送××赠品",这样观众踊跃性会非常高。

3)发红包雨

某主播在节日活动时发放了千万元补贴红包,引来了7 400万粉丝参与观看与互动,促成了5 000多万粉丝下单。

4)惊喜福利

主播通过在直播间不定期地发放惊喜福利来营造互动氛围。

确定的福利:最后5双鞋子秒杀、500份产品1元秒杀、过年福袋等,能提升直播间的互动率。

不确定的小惊喜或小幽默:直播中穿插献唱歌曲,或让助理穿道具服出镜等,这些都会让直播间一下子热闹起来,大家就会积极互动。

5)游戏互动

游戏互动是主播在直播间策划游戏让观众共同参与。

6)剧情互动

剧情互动是由主播邀请观众一起参与策划直播下一步的进展,增强观众的参与感,该方式一般用于户外直播。

实践活动

1. 不同种类的产品直播在互动时需要用的方法

为了使观众留在直播间并转化成交,主播需要运用营造互动氛围的方法。表4-10中不同产品直播时你会运用哪些互动方法?

表 4-10　不同产品的互动方法

产品	互动方法 1	互动方法 2	互动方法 3
美食类	游戏互动：猜猜两位主播1分钟内谁吃得多？	抽奖互动：抽出10份爆款食品免费送出	惊喜福利：发放500份1元秒杀
水果类			
运动产品			
手机产品			

2. 尝试在直播过程中营造互动氛围

目前该地区某学校准备迎接校运会，需要订制班服。某公司邀请该校学生作为主播，进入直播间展示产品，争取各班在该公司下订单制作班服。假设你们小组是该校学生，应如何在直播过程中营造互动氛围，并促进观众下单？

步骤1：四人为一组，确定要突出的产品亮点。

步骤2：罗列直播中营造互动氛围常见的六种方法。

步骤3：小组成员间互相讨论，确定选择互动的方法。

步骤4：探讨并罗列具体的互动话术，选出一名代表分享成果（见表4-11）。

表 4-11　罗列话术

产品亮点						
互动方法	1	2	3	4	5	6
选择打√						
具体话术						

项目 4　实施直播活动

4.3.2　分析购买动机

1. 购买动机

1）购买动机的含义

购买动机，是指为了满足一定需要而引起人们购买行为的欲望或意念。在现实生活中，每个消费者的购买行为都是由其购买动机引发的，而购买动机又是由人的需要而产生的。人饿了就要吃饭，吃饭就要买米，这就是人的需要产生动机、动机引起行为的表现。

人们的购买动机是与人的需要密切相关的，是消费者产生购买行为的原动力。但是，并不是所有的需要都能表现为购买动机。由于受各种条件的限制，人的所有需要不可能同时获得满足，只有那些强烈的、占主导地位的消费需要才能引发消费者购买动机，从而促成购买行为。

2）消费者购买动机的特点

消费者购买动机的特点见图 4-2。

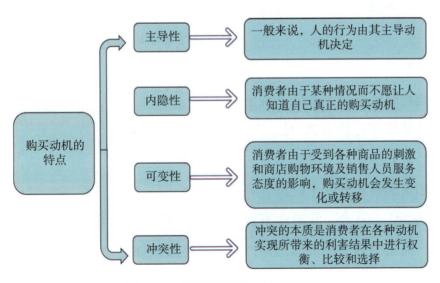

图 4-2　消费者购买动机的特点

3）购买动机的种类

除了生理动机外，消费者的购买行为主要受心理动机影响，心理动机分为感情动机、理智动机和惠顾动机三大类。

感情动机，是指由于人的喜、怒、哀、乐等情绪和道德、情操、观念等情感所引起的购买动机。

理智动机，是指消费者对某种商品有了清醒的了解和认知，在对这个商品比较熟悉的基础上所进行的理性抉择和做出的购买行为。

惠顾动机，又称信任动机，是指消费者基于感情和理智的经验，逐步对特定商品或厂商或商店产生的特殊的信任和爱好，使消费者重复地、习惯性地前往购买的一种行为动机，它具有明确的经常性、习惯性特点。

2. 促进下单转化的技巧

分析了网络消费者的购买动机后，可以根据其购买动机，使用以下三大技巧促进消费者下单转化。

1）消除顾虑，提升信任感

某主播在推荐产品时，经常会讲一些家人、工作人员使用该产品的经历，还会在直播间展示自己的购买订单，证明某款产品是"自用款"，且为重复购买的产品。这些看似不经意的动作，其实都是建立信任的方法，以此打消观众对产品的顾虑。

因此，主播一定要在直播间现场试用产品，分享使用体验与效果，验证产品的功效。主播证明自己在用，自己觉得很好，这样才有足够的说服力，才能让粉丝信服，进而下单购买。同时，主播还要描述产品的使用和购买需求情境，双管齐下，激发观众的购买欲望。

2）价格锚点

当人们在购物时经常会发现以下现象：

（1）某商品建议零售价为29元，实际却仅售19元；

（2）商家经常划掉原价，然后再写一个优惠价；

（3）实体小商铺喜欢开一个高价等客户还价。

这里的"29元""原价"就是商家设置的"价格锚点"，消费者其实并不真的是为商品的成本付费，而是为商品的价值感而付费。具体案例如下。

【直播促单】

天猫旗舰店某款沐浴露价格是每瓶79.9元，而在直播间仅需59.9元。当晚下单的，再送1瓶雪花喷雾，超值福利，买到就是赚到。

项目 4　实施直播活动

3）限时限量限"地"

一是限时促单。倒数 10 个数，抢购开始，很快就下架，制造一种紧迫感，如"还有最后 3 分钟，没有买到的家人赶紧下单，时间到了我们就下架"。

二是限量促单。制造稀缺感，如"今天的优惠数量有限，只有 100 件，这款衣服这个颜色就只有最后 100 件了，卖完就没有了"。

三是限"地"促单。如"今天只限在我的直播间有这个价格，站外都没有这个价格"。

实践活动

1. 图 4-3 中的促单技巧是对应哪一类购买动机的消费者而运用的，画线连接

这是刚上市的手机，已经卖完了，还可以加库存吗？		求名动机
直播间专享价比实体店价格便宜一半，喜欢的家人们赶紧下单购买吧！		求新动机
世界知名品牌箱包，数量有限，如果你看中了，记得及时下单哦！		求简动机
超级简单，一、二、三，早餐马上出炉。这样的破壁机就是为你省时省事而生。		求廉动机

图 4-3　画线连接

2. 尝试在直播过程中激发消费者的购买动机

某地区某学校准备迎接校运会，需要订制班服。某公司邀请该校学生作为主播，进入直播间展示产品，争取各班级在该公司下单制作班服。假设你们小组是该校学生，请分析调查消费者所属的购买动机类型，根据调查结果使用促单技巧促进消费者下单。

步骤 1：四人为一组，调查消费者所属的购买动机类型。

步骤 2：罗列消费者主要的购买动机。

步骤 3：小组成员间互相讨论，确定选择促单的方法。

步骤 4：探讨并罗列具体的促单技巧，选出一名代表分享成果。

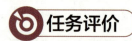 **任务评价**

在学习完本任务后，参考表4-12和表4-13对本任务的完成情况进行评价。

表4-12 学生自我评价

课程：_____ 姓名：_____ 班级：_____ 学号：_____

评价内容	自我评价		存在的问题
	我会了	我还有问题	
是否能够营造互动氛围			
是否能够正确分析消费者的购买动机			

表4-13 教师评价

班级			学号		姓名	
出勤情况						
评价内容	评价要点		考查要点		分值/分	得分
查阅信息	任务实施过程中文献查阅		①是否查阅信息资料		15	
			②正确运用信息资料			
互动交流	与同学交流、互动		①积极参与交流		20	
			②主动接受教师指导			
任务完成情况	是否能够营造互动氛围		掌握营造互动氛围的要点		40	
	是否能够正确分析消费者的购买动机		掌握分析购买动机的要点			
素质目标达成度	团队协作		根据情况，酌情赋分		25	
	自主探究		根据情况，酌情赋分			
	学习态度		根据情况，酌情赋分			
	课堂纪律		根据情况，酌情赋分			
	出勤情况		缺勤一次扣5分			
总分					100	

项目 4　实施直播活动

任务4　做好直播收尾

任务描述

要顺利完成直播收尾工作，首先要了解直播收尾的常见思路，才能选取合适的技巧进行直播收尾，当然还要通过实践演练，检验技能掌握的程度。

知识准备

4.4.1　确定收尾内容

1. 引导流量，最大化利用直播间流量

做直播电商，流量是一个最核心的问题，不一样的流量带来的营销效果明显不同。但无论直播现场的流量有多少，当直播结束，观众散去，一切流量归零。因此，要把直播间的流量最大化地利用起来，在直播收尾时把流量朝着对营销有利的方向引导。

不同的直播间根据其营销策略，流量引导的方向会有所不同。

1）引导购买

将流量引向销售平台，就是在收尾时引导观众进入网上店铺，或进入官方网址，从而促进购买转化。引导观众购买时不要生硬地做广告，要从消费者的利益角度出发，引导观众进入销售平台进行购买。

2）引导关注

引导关注自媒体账号的目的是持续地向观众传达相关宣传信息，提高品牌、企业和产品的曝光度和影响力。要注意直播中不能出现平台外其他的自媒体账号，但可以引导观众联系客服获取账号信息。

3）引导加群

将流量引向粉丝互动平台，就是在直播收尾时引导观众加入粉丝福利群等线上社群。一方面是便于日常促销信息的传达，另一方面促进了店铺与观众的互动，逐渐将直播观众转化为店铺忠实粉丝，有利于后续销售。

2. 提前预告，为下次直播酝酿气氛

直播收尾除了进行流量引导外，还要提前预告下次直播。预告的具体内容包括下次直播的时间、直播商品种类、直播间促销活动等。

提前预告的作用不容小觑：其一用促销力度吸引观众，提高回访率，为直播间聚集流量；其二让观众提前了解下次直播将上架的商品，有助于对直播内容进行用户匹配，获得更精准的用户流量。

实践活动

1. 分析直播收尾的方式

浏览各大电商平台的购物直播，搜集三个使用不同流量引导方向的直播收尾案例，分析直播收尾的内容，把收尾话术摘抄到表4-14中。

表4-14 收尾话术摘抄

案例	直播平台	店铺/产品类型	流量引导方向	收尾话术
案例1				
案例2				
案例3				

2. 设计直播预告

淘宝某服装店铺进行为期3天的开业促销直播，开业期间每天上新，并为直播间观众提供了"满200减50"的专属优惠。下午4点，第一场直播马上要结束了，请根据下次直播计划设计一个收尾，为观众预告明天的直播，把收尾话术写下来。

明天直播计划：上午10点开播，除了"满200减50"的促销优惠外，还会进行整点

项目 4　实施直播活动

抽奖，奖品有店铺新品、时尚包包等，引导观众转发、关注直播间。

_____

_____

4.4.2　直播收尾话术

1. 直播收尾话术

主播收尾话术见表 4-15。

表 4-15　直播收尾话术

序号	直播收尾话术
1	感谢××位在线粉丝陪我下播，更感谢从开播一直陪我到下播的粉丝××，陪伴是最长情的告白，你们的爱意我记在心里了
2	又到下播的时间了，感谢大家从开播一直陪我到下播，主播会继续为大家带来更多的福利
3	今天的直播接近尾声了，明天晚上同样××点开播/明天会提早到××点开播，大家可以点一下关注哦
4	非常感谢所有还停留在我直播间的宝宝们，我每天的直播时间是××点到××点，没点关注的记得点关注哦，明天还有宝宝们期待已久的运动鞋哦
5	还有10分钟就下播了，非常感谢大家的陪伴，最后给大家抽个奖好不好？大家记得关注我，这样下次开播就会收到开播提醒了

2. 引导关注的技巧

做好直播收尾环节的另一个常用思路是引导观众关注，关注对象可以是店铺、直播间，或者是品牌的官方微博账号等。但要注意，根据淘宝直播平台规则，在淘宝平台进行直播，主播不能说出或展示 QQ 号、手机号码、社交平台账号、外部平台或 APP，否则会涉及违规，可能会被封号和停播。

那么在直播收尾阶段，如何吸引观众关注店铺或直播间呢？常见的技巧有以下两种。

1）用抽奖吸引关注

例如，"直播快要结束了，还没有关注直播间的家人们赶紧点一下关注，我们最后一轮抽奖现在开始啦！请敲'服饰节满减'，截一屏幕，送大家一件爆款 T 恤。赶紧先把关注点起来，不关注的话就算抽中了也没法领奖的哦！"

2）用优惠券吸引关注

例如，"今天的直播马上要结束了，欢迎大家关注我们的店铺，关注之后就会及时收到我们的新品和优惠信息。关注店铺之后联系客服，可以领取一张10元的无门槛优惠券，关注之后才有哦！再次谢谢大家的支持，再见！"

实践活动

记录、整理直播收尾话术。

步骤：在淘宝直播平台选取三场不同类型店铺的直播，观看其收尾阶段（约结束前3分钟），记录主播的主要话术（见表4-16），并判断主播使用的是哪一种直播收尾技巧。

表4-16 主播的主要话术

序号	店铺类型	收尾话术	收尾技巧
1			
2			
3			

任务评价

在学习完本任务后，参考表4-17和表4-18对本任务的完成情况进行评价。

表4-17 学生自我评价

课程：＿＿＿＿＿ 姓名：＿＿＿＿＿ 班级：＿＿＿＿＿ 学号：＿＿＿＿＿

评价内容	自我评价		存在的问题
	我会了	我还有问题	
是否可独立确定收尾内容			
是否能够正确运用直播收尾话术			

项目 4　实施直播活动

表 4-18　教师评价

班级		学号		姓名	
出勤情况					
评价内容	评价要点	考查要点		分值/分	得分
查阅信息	任务实施过程中文献查阅	①是否查阅信息资料		15	
		②正确运用信息资料			
互动交流	与同学交流、互动	①积极参与交流		20	
		②主动接受教师指导			
任务完成情况	是否可独立确定收尾内容	能够根据营销策略确定收尾内容		40	
	是否能够正确运用直播收尾话术	掌握直播下播话术			
素质目标达成度	团队协作	根据情况，酌情赋分		25	
	自主探究	根据情况，酌情赋分			
	学习态度	根据情况，酌情赋分			
	课堂纪律	根据情况，酌情赋分			
	出勤情况	缺勤一次扣 5 分			
总分				100	

项目总结

本项目是直播电商最具实操性的部分，在学习直播电商其他项目中起着承上启下的作用。通过本项目的学习，同学们应掌握直播预热开场的技巧和直播过程中介绍产品的方法，熟悉直播实施中促进客户下单的方法，了解直播收尾的技巧。同时，通过直播实践，提高直播控场能力、表达与互动能力、挖掘产品卖点和细节的能力，为以后的学习与工作打下扎实的基础。通过扶贫助农直播活动，同学们可近距离接触国家扶贫助农政策，增强社会责任感，并在实训过程中规范职业行为，树立诚信意识，弘扬正能量。

理实一体化习题

一、单项选择题

1. 在某直播开场中，主播使用"直播间为你准备 60 万元现金红包雨，千万不要错过哦"这样的开场话术，主播使用的开场形式是（　　）。

　　A. 引用故事

　　B. 福利诱惑

　　C. 数据说服

　　D. 热点开场

2. 在直播中介绍品牌故事时，直播文案的提炼方法不包括（　　）。

　　A. 提炼故事核心

　　B. 把文案口语化

　　C. 突出品牌差异性

　　D. 尽量生动有趣

3. 在某场直播中，主播在介绍脐橙时说道："我们家的脐橙来自江西省赣州市，口感非常好、水分很充足。"主播使用的是（　　）卖点提炼方法。

　　A. 价格

　　B. 服务

　　C. 产地

　　D. 技术

4. 在某场直播中，面对观众"怎么购买"的疑问，主播马上拿出手机演示购买过程；当观众"分享了直播间"时，主播立即表示感谢。主播使用了（　　）营造互动氛围的方法。

　　A. 弹幕互动

　　B. 游戏互动

　　C. 抽奖互动

　　D. 剧情互动

5. 在某场直播中，主播说道："今天的优惠数量有限，只有100件，这款衣服这个颜色就只有最后2件了，卖完就没有了。"主播使用的促进消费者下单转化技巧是（　　）。

　　A. 消除顾虑

　　B. 价格锚点

　　C. 限时限量限"地"

　　D. 以上都不对

项目 4　实施直播活动

6. 以下（　　）是对"使用场景"的正确理解。

A. 谁在使用商品时第一时间考虑的问题

B. 谁要帮谁解决什么问题

C. 谁在什么情况下要解决什么问题

D. 用户在使用商品时的步骤与方法

7. 消费者基于感情和理智的经验，逐步对特定商品、厂商或商店产生的特殊的信任和爱好，使消费者重复地、习惯地前往购买的一种行为动机，称为（　　）。

A. 感情动机

B. 理智动机

C. 惠顾动机

D. 冲动动机

二、实训题

1. 实训名称：体验快手直播

实训描述：本次实训要求通过已经开通直播带货权限的快手账号体验快手直播。假定本场直播以销售百货商品为主，主播需添加相关商品进行直播带货，并在直播过程中与用户互动。本次实训的目的是掌握快手直播的基本流程和操作方法。

操作指南：直播操作并不难，几乎所有直播电商平台的直播带货都涉及"开通直播相关权限""添加直播商品""发布直播预告""直播间引导销售商品""直播间互动设置"等环节。本次实训将按照添加直播商品、直播开播预热、直播销售商品与直播互动设置的流程进行操作，可根据操作提示灵活设置。

实训评价：在完成实训操作后，按照快手直播操作流程提交实训报告。指导教师按表4-19所示内容进行评价。

表 4-19　体验快手直播实训评价

序号	评分内容	总分/分	老师打分	老师点评
1	是否添加了直播商品	20		
2	是否能够发布直播预告和进行付费推广	20		
3	是否能够上架商品和讲解直播商品	30		
4	是否能够设置直播互动的操作	30		
	合计	100		

2. 实训名称：体验淘宝直播

实训描述：本次实训要求在淘宝主播 APP 中申请主播入驻，体验淘宝直播。假定本场直播以个人商家直播销售服装商品为主，主播需添加相关商品，进行直播带货，并通过淘宝直播中控台管理直播。本次实训的目的是掌握淘宝直播的基本流程和设置方法。

操作指南：本次实训将从开通淘宝直播、发布直播预告、超级直播付费推广、在手机端进行直播、通过淘宝直播中控台管理直播等方面进行淘宝直播的实战操作，可根据操作提示灵活设置。

实训评价：在完成实训操作后，按照淘宝直播操作流程提交实训报告。指导教师按表4-20 所示内容进行评价。

表4-20 体验淘宝直播实训评价

评分内容	评价标准	分值/分	自评	师评
开通淘宝直播	能够成功开通淘宝直播，否则酌情扣分	10		
发布直播预告	能够发布直播预告，否则酌情扣分	20		
超级直播付费推广	能够进行超级直播付费推广，否则酌情扣分	20		
上架和讲解直播商品	能够进行上架和讲解直播商品的操作，否则酌情扣分	20		
使用淘宝直播中控台管理直播	能够使用淘宝直播中控台管理直播，否则酌情扣分	30		
	合计	100		

体会与收获：

教师点评：

项目5

直播间引流互动

项目综述

在互联网营销中，随着各种信息工具和软件平台的兴起，任何营销方式和平台工具，都需要借助推广和维护客户关系，直播电商也是如此。现今主播和直播间更新迭代，产品和主播再好，如果没有进行恰当的推广，相应的营销效果就会大打折扣，如果没有维护粉丝群体，终会"优胜劣汰"难以长久生存。因此，借助各平台推广和经营直播粉丝就成了直播电商不可或缺的环节。

经过几次直播后，小青发现粉丝们的反响慢慢降低，回购率也不高。小青意识到问题后，希望通过学习二次推广的知识，扩大直播影响力。

（一）知识目标

1. 掌握不同平台直播推广的技巧。

2. 了解粉丝互动群的创建和管理方法。

3. 了解粉丝专属福利的种类。

（二）技能目标

1. 能够熟练进行微博和微信公众号内容编辑。

2. 能够熟练使用短视频编辑工具。

3. 能够熟练操作淘宝粉丝群。

（三）素养目标

1. 培养与时俱进的创新精神。

2. 提高精诚合作的团体意识。

3. 提升线上社交礼仪素养。

4. 培养心系中华的爱国情怀。

任务1　借助平台推广

任务描述

基于平台进行推广是能够有效实现二次传播的方式。小青通过请教指导教师和查阅资料发现，微博、微信公众号和抖音短视频平台是目前流量较高、群体较稳定的媒体平台。

为了完成企业导师分配的新任务，小青着重学习开展微博推广、微信公众号推广和抖音推广的内容，了解微博文案、软文和短视频的编辑技巧。

知识准备

5.1.1　开展微博推广

1. 微博内容的形式

简单的文字已经不足以引起粉丝的兴趣，粉丝趋向追求多元化的内容，微博内容的形式也越来越丰富。微博内容字数限制在140个字，可以同时发表图片、视频和链接。直播电商在进行微博推广时，常见的形式有以下几种（见图5-1）。

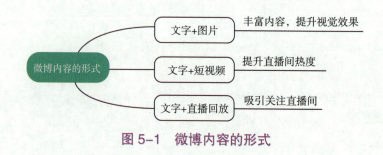

图5-1　微博内容的形式

1）文字+图片

"文字+图片"是目前微博内容最常见的形式,通过简短的文字加上吸引目光的长图、动态图或九宫格图,丰富内容,提升视觉效果。

2）文字+短视频

在微博内容中插入短视频,通过观察短视频的播放量来了解粉丝的偏好,根据粉丝偏好有针对性地剪辑直播间的精彩片段并发布到微博中,提升直播间热度。

3）文字+直播回放

将直播画面录制下来制成直播回放视频,并将视频链接发布到微博平台,错过直播的粉丝可以通过点击发布的直播回放视频链接观看和了解本场直播的内容,吸引粉丝关注直播间。

2. 微博内容的发布技巧

1）合适的发布时机

发布微博要选择合适的时间,在热门时间段发布的微博的浏览量较高,进而产生的转发、评论和点赞的互动量也会随之增加。微博的最佳发布时间要根据微博后台的指标数据来确定,根据数据变化进行调整。

微博"数据助手"提供微博数据概览、粉丝分析、博文分析、互动分析、相关账号分析等内容,可以全面了解粉丝的变化趋势、活跃分布、粉丝画像等,粉丝活跃的高峰值时间最佳,结合直播间当天直播后的情况,每天有规律地发布内容。

2）编辑精简的文案

粉丝的快速阅读规律显示,粉丝容易对过多文字产生阅读疲劳。将文字内容控制在100~120字,其他更丰富的内容可以通过图片或短视频的形式进行展示,简短精练的文字内容便于让粉丝快速找到重点,并且文字内容能够完整地展示在粉丝转发的内容中。

3）发布原创内容

一个优秀的博主应该高度重视原创知识产权,未经作者同意,不随意复制并发布他人的文章。直播团队要创造话题被粉丝记住,而不是转发热门话题。以直播间作为素材,挖掘原创内容,扩大直播间热度。

3. 微博文案的设计

直播结束后,在微博中进行推广的文案可以从与直播间相关的知识分享、信息收集、热点借势、直播回顾与答疑等角度进行设计(见图5-2)。

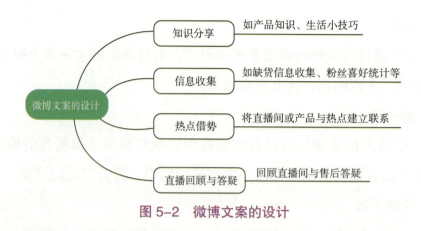

图 5-2 微博文案的设计

1)知识分享

科普和传播与直播间商品相关的新知识或生活小技巧等内容，使粉丝对产品产生新的概念和需求，并对主播产生好感，如某主播经常在微博中分享美妆小技巧和产品试用情况。

文字部分带上高热度的话题，如"# 某主播的美妆小技巧 #"和热点关键词，吸引粉丝点击浏览包含更多详细内容的图片或短视频，如图 5-3 所示。

图 5-3 某主播微博带话题的知识分享

2)信息收集

利用微博收集相关信息，不仅能够有效了解粉丝的信息和需求，制造与粉丝互动的话题，维持粉丝热度，还能借此营造良好的售后服务形象，如图 5-4 所示。

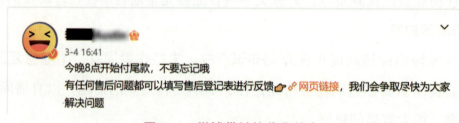

图 5-4 微博带链接收集信息

3)热点借势

微博是一个快速传播的平台，网络中很多热门话题都是在微博上曝光的，关注热点，利用有价值和影响力的人物或事件，及时借势吸粉，将直播间或产品与热点建立联系，引起粉丝的兴趣。

4）直播回顾与答疑

为了延长直播效益，放大直播效果，可以发布直播间的回顾内容，也可以根据直播过程中出现的问题或售后问题进行答疑，还可以将直播间的商品进行分类做成合集再次向粉丝"种草[①]"（见图5-5）。

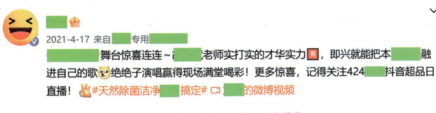

图 5-5　通过微博"种草"

实践活动

1. 浏览熟悉的助农主播在微博中发布的内容，归纳该主播的微博信息

主播微博信息归纳在表5-1中。

表 5-1　主播微博信息

主播姓名		微博昵称		粉丝量	
微博认证信息					
微博内容类型					
发布时间					
每日发布量					
平均每日阅读数					
平均每日互动数					
常用的文案结构、内容构成					

2. 设计微博文案

背景：党的二十大报告指出，加快建设农业强国，扎实推动乡村产业、人才、文化、生态、组织振兴。但是受各种因素的制约，全国各地普遍出现了农产品滞销的问题。某企业店铺直播间在淘宝平台大促活动期间进行了一场扶贫助农直播，帮助新疆某地销售

[①] 种草，网络流行语，意指给其他人推荐好货，使其他人对其感兴趣或喜欢。

滞销苹果,并且该地农产品发言人莅临直播间参与了此次直播。此次直播中所销售的苹果特点:产自新疆阿克苏某优质农场,日照充足;果面光滑、色泽光亮、果肉细腻、果核透明;果香浓郁、甘甜味厚、汁多无渣,富含丰富的维生素C、纤维素、果胶。

为了延长助农新疆苹果的热度,提高销售量,请为此次直播设计微博推广策略,包括发布时间、内容设计、文案编辑等(见表5-2)。

表5-2 微博推广策略

发布时间	设计初衷	内容设计	微博文案

5.1.2 开展微信公众号推广

1. 微信公众号推广的价值

利用微信公众号推广能够有效降低推广成本,获得忠诚度和活跃度高的用户及互动交流渠道,发布有价值的信息。

1)降低推广成本

通过微信公众号将消息推送给用户是免费的,并且目前网络消费者几乎都有使用微信的习惯,如果直播间使用公众号推送信息,可以节省一部分营销推广的成本。

2)提供忠诚度和活跃度高的用户

微信的定位、用户数据等可以帮助直播间获得忠实的活跃用户,微信公众号是用户主动关注建立关系,这些用户往往具有较高的忠诚度和活跃度,可以由忠实读者逐渐发展为忠实客户。

3)发布有价值的信息

微信公众号的规模不在于大小,而在于价值,要想拥有稳定的粉丝群,让用户持续关注进而获得转化,需要为用户提供有价值的信息,例如直播间观众感兴趣的信息可能是直播产品分享、优惠活动等,而其他用户却可能认为"种草"类信息更有价值。

4)提供交流渠道

微信公众号平台类似于短信平台,发布的信息是群发给关注用户,在内容和功能上却比短信更丰富。公众号运营者可以在微信公众号平台利用自动回复和客服功能直接与用户进行交流、答疑,从而维护客户关系,获得更高的转化率,促成交易。

2. 设计微信公众号内容

微信公众号推文的内容设计主要包括内容类型、标题写作技巧和正文布局三个方面(见图5-6)。

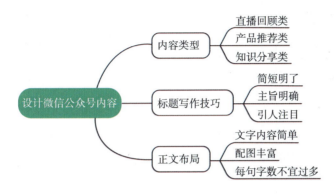

图 5-6　设计微信公众号内容

1)内容类型

为扩大直播影响力,微信公众号推文内容可设计为直播回顾、产品推荐、知识分享等类型。

表 5-3　推文内容类型

内容类型	解析	范例文章
直播回顾类	直播回顾类内容抓取直播过程中的精彩事物,以扩大直播的热度和影响力	《前方高能!独家揭秘今晚时尚节后台精彩花絮!》分享直播后台花絮;《直播回顾|错过了昨晚直播?不要慌,看内文》回顾直播现场
产品推荐类	文章内容将直播间的产品推荐给用户,围绕卖点让用户感受到"这对我有什么用",从而喜欢这个产品,激发购买欲,增加直播间粉丝黏性	《眼部产品哪个值得买?》分享其品牌眼部护理产品;《实名制打Call[①]!这些宝藏卸妆你收到了吗?》给大家"种草"卸妆产品
知识分享类	知识分享类的文章通过科普和传播某种技术或方法对人们产生影响,使人们对产品产生新的概念和需求,从而拓宽市场	《如何应对秋冬痘痘》分享战痘方法,同时带货战痘产品;《美妆小李上线!超详细的卸妆小技巧来咯!》科普卸妆技巧

---

① 打Call,网络流行语,意指为应援某人某事而发声,有呼喊、喊叫、加油打气的含义。

2）标题写作技巧

标题可以使用户了解文章的主要内容和主旨，最大限度地展现文章的特色和亮点，直接影响这篇文章的点击率和浏览量。因此，发布微信公众号文章要注意标题写作设计（见表5-4）。

表5-4 标题写作技巧

技巧	解析	范例标题
简短明了	为避免用户产生冗余、沉闷感，标题不能太长，标题的内容要通俗明了，避免使用生僻或隐晦的词语	产品推荐类文章的标题《你们要的日系彩妆在昨晚卖爆啦！》
主旨明确	标题是正文内容的高度概括，用户可以通过标题快速获取文章的主要信息。标题要结合正文内容明确主旨，不做"标题党"	知识分享类文章的标题《还有多少女生不会卸妆？不同卸妆产品的使用小技巧来咯！》明确告诉用户此文章分享不同卸妆产品的使用技巧
引人注目	亮点词语和数据可以在第一时间让用户知道该文章传递的价值，经常能够快速吸引用户的注目，常用的亮点词语有"震惊""警惕""前方高能""天啊""妙"等	直播回顾类文章的标题《前方高能！独家揭秘今晚时尚节后台精彩花絮！》使用多个亮点词语，让用户产生心理共鸣和兴趣

3）正文布局

微信公众号文章除了需要好的标题，也需要富有内涵的正文内容才会让用户记住文章所表达的诉求，抓住用户心理。用户无论在什么平台上浏览，几乎都是在碎片化时间，所以正文中的文字内容要简单化，而配图丰富一些，且段落不能太长，每句字数不宜过多，多使用一些合适的标点符号隔开，从而降低阅读疲劳。

3. 优化图文排版

微信公众号平台自带图文编辑器，但功能单一，缺少多样性的样式素材，对需要进行视觉美化的公众号文章来说，简单的图文排版并不能满足大众的需要，由此我们需要借助其他工具来优化图文排版。

1）使用 Photoshop 制作信息长图

信息长图是将文字信息和数据信息进行包装，加以元素点缀，形成内容丰富的图片，相较于直接在公众号平台进行图文编辑所获得的排版，信息长图的元素和布局更具有创意性，用户会有更加轻量化的视觉体验。

信息长图在图层上一般分为三层：第一层是便于拼接长图的纯色背景层或较简洁的背景层；第二层是使用序号、线条、色块等对上下文信息进行逻辑梳理的逻辑元素层；第三层是精简的文字层。

Photoshop 可以高效地进行平面设计、视觉创意和界面设计，使用 Photoshop 的编修与绘图工具可以有效地进行图片编辑工作，制作信息长图，为设计者提供广阔的设计空间。

2）使用秀米平台进行图文排版

秀米图文排版工具（见图 5-7）是一款基于微信公众号平台的图文编辑和排版工具，与微信公众号平台自带的编辑器相比，拥有更多排版功能和美化工具，使用秀米工具将内容编辑排版后，可以直接复制到公众号后台发布。

图 5-7　秀米图文排版工具

秀米图文排版工具排版图文步骤如下。

加入文字：把文字内容添加到秀米工具编辑区域的方法有四种：①直接输入；②复制粘贴；③导入 Word 文档；④导入微信图文。

在"我的图文"页面，单击"添加新的图文"选项，新建一篇图文排版，如图 5-8 所示。

图 5-8　新建一篇图文排版

将鼠标定位到编辑区域的输入框里，就可以开始输入文字，输完文字，鼠标点击编辑区域旁边的空白处即可退出输入状态，如图 5-9 所示。

图 5-9　输入文字

添加到秀米工具里的图片，目前只支持 jpg、png、svg、gif 格式。

单击编辑区域左边的"我的图库"→"上传图片"选项，在本地文件夹里选择想要添加的图片，上传即可，如图 5-10 所示。

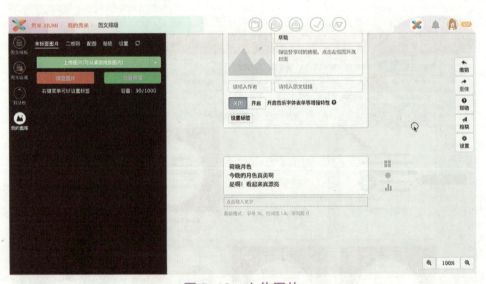

图 5-10　上传图片

替换文字：在编辑界面，选中需要修改替换的文字，单击工具条中的"…"选项，再单击"替换文字"选项,如图 5-11 所示。

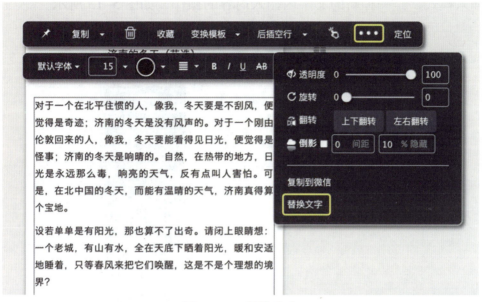

图 5-11　替换文字

图片替换:将编辑区域中已有的图片/图片模板,通过点击操作,替换成自己的图片,如图 5-12 所示。

图 5-12　替换图片

在文字内插入小图片/模板,具体有两种操作方式:一种是通过快捷键与鼠标结合操作,另一种是文字工具条上的行内插入模式。

在文字内插入小图片的操作，可以直接使用键盘快捷键 Alt+Ctrl 和鼠标完成。

行内插入模式，是一种新的文字内插入内容的操作，如图 5-13 所示。

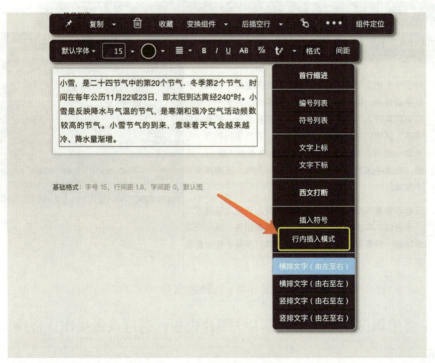

图 5-13　行内插入模式

添加视频：在编辑区域左侧的"图文模板"→"组件"里找到"视频"，就可以看到一些原始视频组件，如图 5-14 所示。

图 5-14　添加视频

任意选择一个视频组件添加到编辑区域，单击黑色区域，会出现视频工具条，然后把之前复制的嵌入代码粘贴到输入框里即可（见图5-15）。

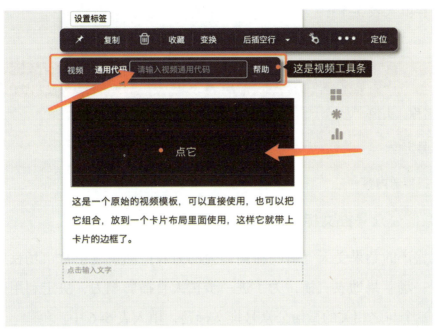

图5-15　复制代码

知识拓展

135编辑器——在线图文排版工具

135编辑器是提子科技（北京）有限公司旗下的一款在线图文排版工具，于2014年9月上线运营，主要应用于微信文章、企业网站以及论坛等多种平台，支持秒刷、一键排版、全文配色、公众号管理、微信变量回复、48小时群发、定时群发、云端草稿、文本校对等40多项功能与服务，可以像拼积木一样组合排版文章。

实践活动

1. 开设微信公众号，填写表格

背景：某企业的直播间近期进行扶贫助农直播，前一天在直播中重点帮助新疆某地销售滞销苹果，并且邀请新疆某地发言人莅临直播间参与此次直播。

请指导教师以班级为单位为该直播间开设微信公众号，开设过程中同学们共同参与。

步骤1：设置公众号的名称、头像。

步骤 2：对该公众号进行定位。

步骤 3：设计公众号的第一篇推送内容。

将上述内容填入表 5-5 中。

表 5-5 开设公众号

步骤	内容	详细说明
公众号名称、头像		
公众号定位		
设计第一篇推送内容		

2. 设计微信公众号推文标题

新疆某地盛产的苹果受天气影响滞销，为助力农产品恢复正常市场秩序，直播间已经成功开展了一场苹果助农直播，为了进一步扩大直播影响力，决定利用微信公众号发布推文。写出三个与之相关的微信公众号推文标题，填入表 5-6 中。

表 5-6 写出微信公众号推文标题

内容类型	推文标题

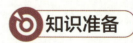

5.1.3 开展抖音推广

1. 抖音平台的特点

1）泛娱乐化

抖音，是一款记录美好生活的短视频平台，创作者在创作短视频时更倾向于轻松、娱乐、生活化的方向，音乐、日常生活等娱乐属性明显的内容受用户欢迎。

项目 5 直播间引流互动

2)个性化推荐

抖音首创"单屏浏览模式",该模式可以让用户通过向上滑动手机屏幕的方式,按顺序切换平台推送的视频,降低用户注意力被打断的概率,且用户观看的短视频在个性化推荐机制下都是由抖音平台根据用户观看停留时长、关注、点赞、评论、转发等行为优化推荐的。

3)侧重原创内容

抖音会对原创的、有创意的内容给予更多流量支持,创作者持续生产优质内容,可获得抖音平台更多的流量推荐,让自己的作品展现给更多用户,进而宣传理念,实现转化。

2.抖音短视频的选题创意方向

投放到抖音平台的短视频选题创意要围绕直播间的营销目标,优质的选题不仅能够受到用户喜欢,还能巧妙地传递直播间的宣传理念和产品信息。抖音短视频的选题创意方向如图 5-16 所示。

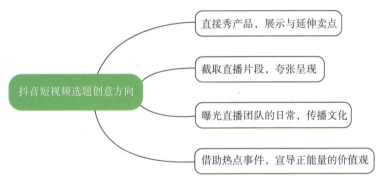

图 5-16 抖音短视频的选题创意方向

1)直接秀产品,展示与延伸卖点

如果直播间的产品有趣或自带话题性,可直接以产品展示作为短视频的主题,如"某品牌卸妆油高比例天然成分让卸妆更温和清爽",巧妙解决了用户"担心卸妆油很油"的问题,有效地为产品扩大了影响范围。

除了展示产品本身外,还可以继续发挥创意,挖掘更多卖点与用途,将产品的某些独有的特征延伸呈现,或者从用户的角度出发分享产品使用感受。

2)截取直播片段,夸张呈现

从直播中截取温暖、有意义的片段,将其制成短视频发布到抖音平台上,放大趣味点,用夸张的方式呈现,便于受众记忆;也可制作浓缩摘要式视频,删除直播中没有价值的画面,截取关键画面制成短视频,并在画面中增加文字解说或添加旁白。

3）曝光直播团队的日常，传播文化

将直播团队办公日常、生活化的场景或员工日常趣事等录制成短视频，通过短视频呈现团队文化，激发用户内心的感动，提升归属感和信任感。

4）借助热点事件，宣导正能量的价值观

创作者将热点话题向正面引导，从大多数人的思维角度去分析，发布一些激励人心、使人感动的内容，激发用户的感动情绪，传播激励人们奋发向上的正能量。

3. 短视频剪辑方法

虽然手机端视频编辑应用软件没有计算机端视频编辑软件专业，但是胜在即时剪辑、即时分享，且操作简单易学。手机端常见的剪辑软件有小影、微视、剪映、抖音等。抖音 APP 为创作者提供了充足的常用的视频剪辑功能，实现短视频从拍摄到发布全流程功能。

下面以抖音 APP 为例介绍短视频剪辑。

步骤1：拍摄或上传视频素材

进入抖音 APP，单击底部的"+"按钮进入拍摄视频界面，拍摄内容分为照片、视频和文字，其中视频的拍摄方式分为"分段拍"和"快拍"，左下角"道具"按键提供了丰富的滤镜和互动特效，为拍摄提供趣味性素材。抖音也支持上传手机中已经拍摄好或制作好的视频素材。

步骤2：添加文字

在视频编辑界面右侧单击"文字"按钮，输入所需的文字，并设置文本格式，单击右上方的"完成"按钮。单击添加的文字，在弹出的菜单中可以对文字进行"文本朗读"和"设置时长"操作。

步骤3：添加贴纸

充满娱乐性和趣味性的贴纸是抖音短视频内容创作的特色，创作者可以根据短视频的内容和情境需要选择合适的贴纸。在视频编辑界面右侧单击"贴纸"按钮，选择合适的"贴图"贴纸或"表情"贴纸。

步骤4：添加特效

添加特效后的短视频更加酷炫、更具创意，可提升观众的视觉体验。在视频编辑界面右侧单击"特效"按钮，进入特效界面，其包含"梦幻""动感""转场""自然""分屏""装饰""材质""时间"等类型的特效。

项目 5　直播间引流互动

步骤 5：添加滤镜。

给视频添加滤镜，可以掩盖因拍摄而造成的缺陷，使美丽的画面更加生动、绚丽多彩，凸显整体效果，打造不同风格。在视频编辑界面右侧单击"滤镜"按钮，进入滤镜界面，其包含"人像""风景""美食""新锐"和"限时"等滤镜。

步骤 6：添加其他效果。

除以上功能外，抖音视频剪辑还有"剪裁""自动字幕""画质增强""变声"等功能。

知识拓展

剪映——视频编辑工具

剪映是一款视频编辑工具，带有全面的剪辑功能，支持变速，有多样滤镜和美颜效果，有丰富的曲库资源。剪映支持在手机移动端、计算机端使用。采用剪映创作短视频更轻松，其具有切割、变速、倒放、画布、转场、贴纸、字体、曲库、变声、滤镜和美颜等功能，支持创作者在更多场景下自由创作。

实践活动

1. 通过互联网搜索两款不同的手机端视频剪辑工具，并分析它们各自的优缺点，把分析结果写在下面横线处

视频剪辑工具 1：_____

优点：_____

缺点：_____

视频剪辑工具 2：_____

优点：_____

缺点：_____

2. 使用抖音平台制作创意卡点视频

步骤 1：在视频编辑界面中单击"音乐"按钮，在弹出界面中单击"更多音乐"按钮。

步骤 2：进入选择音乐界面，在歌单分类中找到"卡点"，单击进入。

步骤 3：选择需要的卡点音乐，单击"使用"按钮。

步骤4：返回音乐卡点界面，对视频片段进行调整。

任务评价

在学习完本任务后，参考表5-7和表5-8对本任务的完成情况进行评价。

表5-7　学生自我评价

课程：_____　姓名：_____　班级：_____　学号：_____

评价内容	自我评价		存在的问题
	我会了	我还有问题	
是否了解微博推广的形式			
是否能够正确开展微信公众号推广			
是否能够开展抖音推广			

表5-8　教师评价

班级		学号		姓名	
出勤情况					
评价内容	评价要点	考查要点		分值/分	得分
查阅信息	任务实施过程中文献查阅	①是否查阅信息资料		15	
		②正确运用信息资料			
互动交流	与同学交流、互动	①积极参与交流		20	
		②主动接受教师指导			
任务完成情况	是否了解微博推广的形式	掌握微博推广的形式		40	
	是否能够正确开展微信公众号推广	掌握开展微信公众号推广的内容			
	是否能够开展抖音推广	掌握开展抖音推广的内容			
素质目标达成度	团队协作	根据情况，酌情赋分		25	
	自主探究	根据情况，酌情赋分			
	学习态度	根据情况，酌情赋分			
	课堂纪律	根据情况，酌情赋分			
	出勤情况	缺勤一次扣5分			
总分				100	

项目 5　直播间引流互动

任务2　经营直播粉丝

任务描述

小青向工作室主管提出要为直播间引进更多精准有效的流量,从而产生蝴蝶效应,于是主管安排她学习经营粉丝群体的知识。小青通过请教学校指导教师和查阅资料发现,粉丝数量的增加能够直接带来店铺流量和转化率的增长,对于现有的粉丝,除了产品本身和直播内容外,还需要提供更多附加服务来强化关系,才能使粉丝数量转化成销量。

知识准备

5.2.1　构建粉丝互动群

1. 直播粉丝互动群的特点

1)高效触达用户

直播粉丝互动群是用户在对直播间有兴趣或有消费需求的情况下组建的沟通群,在兴趣和需求的驱动下,用户与用户、用户与群内管理员之间的互动围绕着直播间和直播产品展开。

2)超脱于交易本身

直播粉丝互动群除了围绕产品进行买卖关系间的互动外,还适合直播团队进行客户关系管理,提供 VIP 专属服务,维护和沉淀用户。

3)主动召回用户

发布在群内的消息会在用户手机中进行实时提醒,用户打开软件即能看到最新群消息,促进用户进店和转化。

2. 创建淘宝粉丝群的方法

1）满足以下任一条件即可创建淘宝粉丝群

（1）店铺最近 30 日内使用支付宝达成交易的笔数大于或等于 30 笔且在正常状态，商家微淘等级为 L1 及以上。

（2）店铺近 180 天内成交金额在 100 万元及以上。

2）创建淘宝群的步骤

（1）手机端：手机淘宝首页 → 底部"消息" → 右上角"+" → 创建群。

（2）计算机端：淘宝卖家中心 → 营销中心 → 店铺营销工具 → 淘宝群。

点开创建的群，可以进行基础信息修改，设置子账号和管理员，获取群链接和二维码等。若粉丝数量较多，可以开设子群，每个子群最多可加入 500 人，群组的群公告、群密码、自动回复等基础设置对该群组下的所有子群都生效。

3. 管理粉丝群

1）淘宝群的基础功能

淘宝群的基础功能完善（见表 5-9），支持卖家进行多种操作和管理群成员。

表 5-9 淘宝群的基础功能

功能	详细说明
设置管理员、设置黑名单	群成员列表选择成员 → 设置
修改群名称	群组信息页 → 群名称
修改群内昵称	群组信息页 → 本群昵称
群聊通知	默认推送到手机桌面
@群友	群聊天窗 → 输入@符合选择群友
消息免打扰	群组信息页 → 消息免打扰
发布语音消息	群聊天窗 → 语音
发布图片	群聊天窗 → "+" → 图片
群内发布宝贝链接	群聊天窗 → "+" → 宝贝
群内发布店铺链接	群聊天窗 → "+" → 店铺

2）多渠道引导入群

为了充分发挥群的作用，可通过多种方式引导用户入群，如在直播渠道设置加群提醒、达人主页底部导航加群提醒、旺旺自动回复设置加群提醒、店铺首页 Banner（横幅）加群提醒、宝贝详情页设置加群提醒、店铺导航条加群提醒等。

3）发布优质内容

用户进入粉丝群后，其实并不希望看到的信息就是管理员刷屏卖货，所以管理员要转变发布群消息的思路，用优质的内容代替销售刷屏，为用户持续性地提供有价值的内容，如直播活动信息、直播片段分享、知识分享等。

4）高效互动

在直播前、中、后与粉丝的互动都是十分重要的，在粉丝群内与用户进行互动活跃气氛，及时为用户解答疑问，参与用户的讨论，能够让用户感受到被关注和重视，增加用户黏性。

5）专属权益

专属权益可以让群内用户保持期待感和参与感，通过群内丰富的互动活动和定期发放专属权益来形成用户的高黏性互动和回访，促进用户进店和转化。

实践活动

1. 简单说明粉丝群运营团队需要哪类人才

_____

2. 探索淘宝直播粉丝群

步骤1：四人为一组，进入"淘宝直播"，选择进入一个直播间并加入该直播间的粉丝群。

步骤2：观察该直播间在直播过程中和直播结束后粉丝群的动态，以用户的角度，完成直播粉丝群体验报告（见表5-10）。

步骤3：完成体验报告后，小组成员进行讨论，小组派代表分享体验成果。

表5-10 体验报告

群名称		群成员数	
群管理员数		进群规则	
群简介			

续表

直播中群消息内容	
直播结束群消息内容	
直播前、中、后活跃度对比	
群互动频率	群答疑速度	
群活动内容类型	

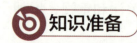

5.2.2 发放粉丝专属福利

粉丝专属福利（见图 5-17）是激发粉丝群活跃度的一个有效工具，淘宝平台提供多款群权益工具，可供群管理员使用，以帮助提升群内活跃度，提高老客回头率，促进新客转化。

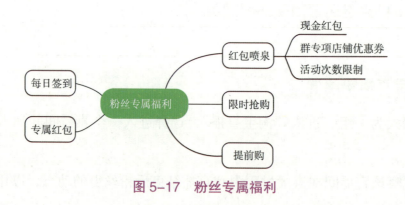

图 5-17　粉丝专属福利

1. 红包喷泉

设置好的红包喷泉会提前 6 小时在群内置顶卡片上进行预热，提醒用户参加，到设定的时间后自动发布到群内。

1）现金红包配置

（1）现金红包可设置面额 0.5 ~ 1 000 元的红包，可自定义设置红包面额及个数。

（2）现金红包设置的总金额不可高于奖品池剩余金额。

2）群专享优惠券配置

（1）需单独创建群专享渠道优惠券，设置单人领取上限，即在活动期间内每位用户领取上限数量。

（2）若用同一个群设置多场红包喷泉活动，用户参与全部红包喷泉活动的领取上限为群专享渠道优惠券的领取上限。

商家配置群专享渠道优惠券A，每人上限领取2张。若设置4场红包喷泉活动，分别为11月1日、11月2日、11月3日和11月4日，用户在11月1日和11月2日共领取了2张，那么在11月3日和11月4日则无法领取。

（3）群专享店铺优惠券设置数量，不可高于奖品池剩余数量。

（4）群专享店铺优惠券金额设置：设置整数倍金额，最小面额为1元，卖家需设置发放面额和个数，上限规则与群专享渠道优惠券的上限相同。

3）活动次数限制

（1）场次限制：卖家单次最多创建15场红包喷泉。

（2）活动数量限制：卖家每天最多可拥有10个正在进行中的活动。

2. 限时抢购

1）限时抢购的设置步骤

登录千牛后台→自运营中心→用户→淘宝群→后台管理→设置营销活动→限时抢购。

2）限时抢购注意事项

（1）限时抢购的商品库存无法锁定，商品库存设置不能高于商品现有库存。

（2）限时抢购的价格会影响商品的最低价，设置时要留意盈亏。

（3）淘宝群内限时抢购的商品折扣，可与现金红包、店铺红包和店铺优惠券等叠加计算，所以卖家设置时要注意控制优惠力度，避免资产损失风险。

3. 提前购

提前购的设置步骤：登录千牛后台→自运营中心→用户→淘宝群→后台管理→设置营销活动→提前购。

参加群内提前购的商品需同时满足两个条件：一是商品属于定时上架类商品；二是商品上架时间距离当前48小时以内。

注意：参与提前购的商品库存无法锁定，卖家设置提前购活动时要注意库存风险。

4. 每日签到

每日签到的设置步骤：登录千牛后台→自运营中心→用户→淘宝群→后台管理→设置营销活动→淘金币签到。

商家设置签到玩法和奖品，用户可通过淘宝群每日签到获得相应的淘金币、店铺优惠券、平台通用红包等。

5. 专属红包

专属红包是一种由平台提供的优惠券，专为会员而设。它可以用于购买网站上的商品，以享受更多的折扣和优惠。专属红包有不同的面值和使用条件。通常情况下，用户需要满足一定的消费金额才能使用红包，如一个100元的红包可能需要在满200元的订单上才能使用。

除了满足消费金额外，还有一些红包对特定商品或特定店铺使用。这样的红包只能在指定的商品或店铺中使用，进一步提高了消费者的购物体验。

实践活动

1. 除淘宝粉丝群外，在其他平台创建的粉丝群可以设置哪些专属福利？以微信群为例说一说

---

2. 策划群福利活动

背景：党的二十大报告指出，全面建设社会主义现代化国家，最艰巨最繁重的任务仍然在农村。

某公司为响应国家号召，助力乡村振兴，其店铺直播间计划在平台大促活动期间开展一场农产品特惠直播。为了促进该场直播的宣传、延续该农产品的热度并带动粉丝购买，请为该直播间的粉丝群策划群福利活动（见表5-11）。

表 5-11 策划群福利活动

活动时间	活动类型	活动内容设计	详细说明

项目 5　直播间引流互动

续表

活动时间	活动类型	活动内容设计	详细说明

任务评价

在学习完本任务后，参考表 5-12 和表 5-13 对本任务的完成情况进行评价。

表 5-12　学生自我评价

课程：_____　姓名：_____　班级：_____　学号：_____

评价内容	自我评价		存在的问题
	我会了	我还有问题	
是否能够构建粉丝互动群			
是否能够发放粉丝专属福利			

表 5-13　教师评价

班级		学号		姓名	
出勤情况					
评价内容	评价要点	考查要点		分值/分	得分
查阅信息	任务实施过程中文献查阅	①是否查阅信息资料 ②正确运用信息资料		15	
互动交流	与同学交流、互动	①积极参与交流 ②主动接受教师指导		20	
任务完成情况	是否能够构建粉丝互动群	掌握构建粉丝互动群的意义与方法		40	
	是否能够发放粉丝专属福利	掌握发放粉丝专属福利的作用与方法			

续表

评价内容	评价要点	考查要点	分值/分	得分
素质目标达成度	团队协作	根据情况，酌情赋分	25	
	自主探究	根据情况，酌情赋分		
	学习态度	根据情况，酌情赋分		
	课堂纪律	根据情况，酌情赋分		
	出勤情况	缺勤一次扣5分		
总分			100	

项目总结

本项目是保持直播热度、吸引观众进入直播间的重要内容，是引导观众关注、让观众成为忠实粉丝并维持粉丝黏性的关键手段。通过本项目的学习，同学们要了解借助微博、微信公众号和抖音等平台进行直播二次推广的策略，认识粉丝互动群的创建和管理方法，掌握微博内容和公众号内容的设计技巧，并学会使用短视频编辑工具。在学习和实训过程中培养同学们的团体合作意识和创新创作能力，提高适应信息化时代需要的人际关系处理能力，提升线上社交素养。

理实一体化习题

一、单项选择题

1. 对抖音、快手等短视频平台来说，主播可以利用的（　　）主要是账号名称、账号简介、粉丝群等。

A. 私域场景

B. 公域场景

C. 其他平台

2. 拥有新闻发布、口碑营销、商品展示等功能，是企业面向社会的重要窗口，指的是（　　）。

A. 抖音平台

B. 电商平台

C. 企业官网

3. 刚开始直播时，观看直播的人数较少，间断发放（　　），可以为直播间积累人气，吸引更多人进入直播间。

A. 大额红包

B. 小额红包

C. 口令红包

4. 商家常常通过抽奖互动方式来吸引用户的目光，这是（　　）。

A. 直播间抽奖活动

B. 赠品促销

C. 发放优惠券

5. 一个主播在直播时，对另一个直播间的主播发起挑战，称为（　　）。

A. 账号导粉

B. "连麦"PK

C. 邀请名人进直播间

二、简答题

1. 直播引流的优势是什么？

2. 直播预热引流时机包含哪些内容？

3. 直播预热引流渠道有哪些？

4. 直播中的引流策略有哪些？

三、实训题

实训名称：抖音短视频推广。

实训背景：小青加入助农直播项目后，参与了几次农产品扶贫助农直播，接到了项目组主管分配的新任务——将直播回放视频剪辑处理成短视频，并发布在抖音中。

实训目的：剪辑直播视频，为扶贫助农直播项目的农产品进行二次推广，扩大和延伸直播影响力，提高客户黏性。

实训过程：

步骤1：组建团队，讨论并任命一名小组长。

步骤2：通过小组会议，在直播回放视频中挖掘有价值的视频片段，组合视频片段设计短视频脚本，完成表5-14。

表 5-14　设计短视频脚本

短视频选题方向						
设计思路						
镜头	视频画面	时间	解说	音乐	字幕	备注
1						
2						
3						

步骤3：根据设计的脚本，利用直播视频素材剪辑成短视频。

步骤4：将剪辑完成的短视频发布到直播间的抖音账号上，观察账号数据动态，并与粉丝进行互动。

步骤5：进行数据分析，改进直播视频剪辑设计方案，重复步骤2、3、4。

实训评价：在完成实训操作后，按照淘宝直播操作流程提交实训报告。指导教师按表5-15所示内容进行评价。

表 5-15　实训评价

评分内容	评价标准	分值/分	自评	师评
组建工作团队	根据需要组建团队，否则酌情扣分	10		
设计短视频脚本	合理设计短视频脚本，否则酌情扣分	20		
剪辑短视频	进行短视频剪辑，否则酌情扣分	20		
发布短视频	将制作完成的短视频进行发布，否则酌情扣分	20		
改进直播视频剪辑设计方案	对制作完成的视频进行改进，否则酌情扣分	30		
合计		100		

项目 5　直播间引流互动

续表

体会与收获：
教师点评：

项目 6

直播电商物流与客户关系管理

项目综述

对直播电商经营者来说，物流是很重要的一个环节。讲究物流环节的技巧可以节省不少费用。良好的客户关系管理会带给用户非常好的购物体验，可使这些客户成为忠实客户。

（一）知识目标

1. 了解直播电商物流的定义。
2. 熟悉直播电商物流的方式。
3. 辨识直播电商物流的模式。

（二）技能目标

1. 能够协助处理直播电商物流纠纷。
2. 能够进行客户关系的维护与管理。

（三）素养目标

1. 树立诚信的电商客户服务意识。
2. 培养节约的职业品质。

任务1　直播电商物流

任务描述

电商发展至今已经无处不在，直播电商保持高增长势头，行业竞争也日趋激烈。从直播、下单到物流，再到送货上门，物流是构筑直播电商核心竞争力的关键。下面介绍直播电商物流的定义、直播电商物流的方式和直播电商物流的模式。

知识准备

6.1.1　了解直播电商物流

1. 厂家代发货

厂家代发货，是指主播没有库存，由厂家以快递、货运等方式发货给最终用户的模式。

一般来讲，厂家多为批量生产商品，如果进行单品发货，会产生很多问题：快递价格高、人事管理混乱、错误率高、交货时间慢等。而这些正好是直播带货的主播和用户尤为关注的，所以厂家代发货在直播带货中很少使用。

2. 自建仓库发货

自建仓库发货是当前一些商家选择的物流模式之一，这种模式有利于商家把控发货效率，且如果后期成本控制得比较好，在保障仓储物流的效率和准确率的前提下，运营成本也会降低。

自建仓库发货有以下优点。

（1）可以较大限度地控制仓储。由于商家对仓库拥有所有权，所以商家作为货主能够对仓储实施较大限度的控制，从而有助于与其他系统进行协调。

（2）储位管理更具灵活性。由于商家是仓库的所有者，所以商家可以按照自身要求和货物特点对仓库进行设计和布局。

（3）仓储成本低。如果仓库得到长期的充分利用，那么单位货物的仓储成本会较低，从某种意义上说，这就是一种规模经济。

自建仓库发货在运营成本、仓库布局等方面存在以下缺陷。

（1）初期运营成本高，长期占用一部分资金。自建仓库要租赁场地、购买仓库软硬件设备、招聘人员等，这不仅需要大量的资金投入，还需要有专业的人员来管理，无疑会导致一些中小型商家的资金链紧张。

（2）仓库内部杂乱。如果仓库内部布局不合理，存在货物胡乱堆放、暴力操作等情况，就容易出现商品错发、漏发、破损等问题。

（3）库存数据不清晰。很多商家自建仓库时没有配备专业的仓储管理系统和人员，导致库存数据没有及时统计。

（4）仓库位置灵活性差。商家如果只能使用自建仓库，则会由于仓库数量少而失去灵活性。

3. 第三方仓储托管代发货

第三方仓储托管代发货能够给商家更加优惠的物流价格和专业的仓储管理服务。在该模式下，商家只需一心思考如何卖货，所以现在越来越多的商家开始选择第三方仓储托管代发货。

第三方仓储托管服务商拥有众多商品仓储应用场景，其利用货量充足、价格优惠的优势，吸引更多用户前来观看和购买。商家可现场直播商品的分拣、包装等过程，向用户展示直播间商品的整个出库过程，使用户拥有更好的购物体验。

第三方仓储托管代发货有以下优点。

（1）商家可以根据自身的实际使用情况，配置仓储面积。第三方仓储托管服务商在货物管理方面更有经验，能使同样数量的货物占用较小的仓储面积。此外，商家可随时调整仓储面积，降低成本。

（2）人力成本低。商家采用自建仓库发货需要配备多名仓库作业人员，选择第三方仓储托管代发货，通常只需配备一名工作人员对接，大大降低了仓储运作所需要的人力成本。

（3）减少资金投入。采用自建仓库发货，商家不但要投入较多的场地租赁费用，还需要配备相关的办公设备、仓储货架、叉车等，需要投入较多的资金。选择第三方仓储托管代发货，商家可以减少资金投入，降低仓储管理的成本，把时间和资金投入核心业务，从而提升竞争力和业绩。

（4）提高服务水平。第三方仓储托管服务商有专业的运营管理团队和仓储管理系统，可以大大提高物流仓储管理的效率和发货的准确率，提升用户的体验，增强用户的黏性。

（5）降低运营风险。自建仓库发货有一定的风险，若选择第三方仓储托管代发货，货品存储和发货等风险由第三方仓储托管服务商承担，从而大大降低商家的运营风险。

（6）降低物流成本，提高物流效率。相比大部分中小商家自建仓库发货，第三方仓储托管服务商能形成规模效应，以更低的物流费用帮助商家节约物流成本。第三方仓储托管服务商的规模化、专业化、片区集中化等优势能减少快递公司的操作难度，提高物流效率，使用户体验感更佳。

知识拓展

顺丰快递——国内快递物流综合服务商

顺丰快递，1993年成立于广东顺德，经过多年发展，已初步具备为客户提供一体化综合物流解决方案的能力。顺丰快递不仅提供配送端的物流服务，其服务还延伸至价值链前端的产、供、销、配等环节，从消费者需求出发，以数据为牵引，利用大数据分析和云计算技术，为客户提供仓储管理、销售预测、大数据分析、金融管理等一揽子解决方案。

顺丰快递还是具有网络规模优势的智能物流运营商。经过多年的潜心经营和前瞻性的战略布局，顺丰快递已形成拥有"天网＋地网＋信息网"三网合一、可覆盖国内外的综合物流服务网络，其直营网络是国内同行中网络控制力强、稳定性高，也是独特稀缺的综合性物流网络体系。

实践活动

常见的快递公司有顺丰、圆通、申通、韵达等，去各个快递公司查询相关内容。

步骤1：登录圆通快递公司网站，查询快递及其资费，了解不同地区之间的运费和时效批准。

步骤2：登录顺丰快递官方网站，单击"运费时效查询"按钮查询运费和到达时间，了解顺丰快递运费计算规则和时效标准。

步骤3：谈谈你认为应如何选择快递公司。

汇总这几家快递公司的运费和时效标准，对比各个快递公司在运费和时效标准方面的差异。

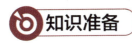

6.1.2 直播电商物流纠纷的处理

1. 避免物流纠纷的注意事项

避免物流纠纷有以下注意事项。

（1）选择合法经营及适合自己的快递公司。选用的快递公司必须有相应的营业执照等证件。货物不一样，其对物流的要求也不一样。商家不能只在乎物流费用，更重要的是确保快递公司是正规的，只有这样才能保证自己的货物被按时送到目的地。

（2）多问多比较。商家要多联系几家快递公司，特别是有些规定一定要问清楚。

（3）安全起见，为贵重商品保价。一般情况下，发送到同城的商品的安全性是较高的，但发送到地级以下的小县城的商品的安全性就较低，所以商家要为贵重的商品保价。

（4）售前充分说明物流情况，控制用户预期。商家在售前应与用户沟通，解释物流流程的复杂性及不可控的时间因素，这些可能会导致包裹延误甚至丢失，希望用户予以理解，同时表明自己解决问题的积极态度。

（5）发货时和运送过程中主动与用户沟通，避免用户焦虑。当用户下单之后，商家可回复用户，告知用户其订单已在处理中，会尽早发货，展现积极的服务态度。商家尽量在24小时内发货，发货时注明快递单号、查询网址，合理预估送达时间。

（6）填好发货单。当商品包装好后，商家需要填写发货单，这时千万不能粗心大意，一定要把收件人的地址、电话、姓名等填写详细，个别用户要求到货时间的，一定要在发货单上注明，商品编号、物流过程中需要注意的方面也要注明。

（7）使用大件物流托运大件商品。如果商家卖的是大件商品，使用大件物流托运比较划算，但是用户一般要自行去货场提货，所以这点一定要事先和用户说明。

（8）及时处理用户关于未收到商品的询问。当用户的询问得不到及时解答时，用户就会发起相应的投诉。因此，如果有用户询问未收到商品的问题，商家要在第一时间和用户联系并提供解决方案，以避免用户发起投诉。

2. 解决物流纠纷的技巧

物流纠纷大家都会遇到，那么当物流出现问题后，怎样才能得到一个双方都满意的结果呢？在用户反馈交易疑惑时，商家应该及时给予回应，主动友好协商，了解用户反馈的具体问题，并有效解决。

（1）注意心态。物流出现问题在所难免，商家要有这个心理准备。很多商家不能以平和的心态来处理问题，用户跟商家是平等的，同样商家跟快递公司也是平等的，商家要以此为基础来解决问题。

（2）关注用户。用户一般都会问下单后几天能收到货，现在的快递基本上是全国范围内1~4天到货，偏远一点儿的地区4~5天到货，同城快递基本是今天发货明天到。商家可以这样回答用户：一般是3~5个工作日送到。商家要给自己留有较大的余地，毕竟快递有晚点的可能性，预留足够的时间，让用户有心理准备，即使晚到，也不至于太过被动，如果提前送达，用户体验会更好。

（3）关注物流。商家应跟快递公司确定好问题出现后该怎么解决，双方应遵循平等合作的原则。对快递晚到、商品磕碰碎裂、配送人员态度不好等问题怎么解决，双方最好能达成书面协议，这样一旦出现问题便可按协议处理。

出现物流问题后，商家也可让业务员帮忙，因为业务员比较熟悉快递公司的具体运作情况，而且比较了解内情，从而能有效地解决问题。

（4）建议向用户提供两种以上的问题解决方案，比如退款或重寄等，这样可以有效地改善用户的感受，提高解决问题的效率。

（5）若与用户协商一致，当用户退货时，商家应该注意以下事项。

①联系用户，告知其在退货时，要在包裹上注明其ID及退货的原因。

②签收退回的商品时，应及时验货，确认完好后再签收。

③若在签收时发现包裹异常，应主动联系用户，告知具体情况，并做好取证工作。

④若退回的商品无误，应及时退款给用户，以免发生投诉。

项目6 直播电商物流与客户关系管理

实践活动

在直播结束后对订单进行查询，保证及时发货、商品物流正常，从而确保及时完成每一笔订单，进一步维护和提升用户的购物体验。

在表6-1中列出有问题的订单并写出解决措施。

表6-1 订单及问题

序号	订单号	问题	解决措施

任务评价

在学习完本任务后，参考表6-2和表6-3对本任务的完成情况进行评价。

表6-2 学生自我评价

课程：_____ 姓名：_____ 班级：_____ 学号：_____

评价内容	自我评价		存在的问题
	我会了	我还有问题	
是否了解直播电商物流			
是否能够正确处理直播电商物流纠纷			

表6-3 教师评价

班级		学号		姓名	
出勤情况					
评价内容	评价要点	考查要点		分值/分	得分
查阅信息	任务实施过程中文献查阅	①是否查阅信息资料		15	
		②正确运用信息资料			

续表

评价内容	评价要点	考查要点	分值/分	得分
互动交流	与同学交流、互动	①积极参与交流	20	
		②主动接受教师指导		
任务完成情况	是否了解直播电商物流	掌握直播电商物流的几种发货方式，能正确选择物流	40	
	是否能够正确处理直播电商物流纠纷	掌握避免直播电商物流纠纷问题的注意事项，以及处理纠纷的技巧		
素质目标达成度	团队协作	根据情况，酌情赋分	25	
	自主探究	根据情况，酌情赋分		
	学习态度	根据情况，酌情赋分		
	课堂纪律	根据情况，酌情赋分		
	出勤情况	缺勤一次扣5分		
总分			100	

项目6 直播电商物流与客户关系管理

任务2 客户关系管理

任务描述

客户关系管理,是指商家为了提高客户满意度、忠诚度,利用相应的信息技术协调与客户在销售、营销和服务上的关系,从而调整管理方式,向客户提供个性化服务的过程。其最终目标是吸引新客户、留住老客户,以及将已有客户转为忠实客户,增加市场份额,从而提高竞争力。

知识准备

6.2.1 售前客户社群管理

当主播拥有一定数量的粉丝之后,建立社群是十分有必要的。建立社群有利于维护粉丝,实现对流量的反复利用。有了众多忠实、活跃的粉丝,商家的直播带货业务就能够获得更长久的发展。

商家在建立社群时要精准把握社群的定位,通过对粉丝的分析打造社群的标签。社群标签能够深化粉丝对社群的认知,也能够吸引更多粉丝进入社群。同时,社群标签的打造要兼顾粉丝的体验感和参与感,精准的社群标签能够提高粉丝的归属感。

1. 分析社群粉丝

商家可以从以下方面入手,分析社群粉丝。

1)目标粉丝

商家销售的商品决定了社群的目标粉丝,所有对该类商品有需求的粉丝都是社群的目标粉丝。

2）粉丝结构

商家要分析社群中现有粉丝的结构，准确分析粉丝结构对商家维护社群和扩展社群规模都能起到重要作用。

例如，同样是销售化妆品的主播，其粉丝结构的不同决定了其社群内容的不同。一位主播的美妆社群中，粉丝多为18～22岁的女大学生，这部分人群虽然收入比较低，但是消费潜力比较高。这个年龄段的女大学生不需要使用过多的化妆品来修饰，因此，该主播在社群中推广的内容以淡妆教程和护肤品为主。另一位主播的美妆社群中，粉丝多为25～40岁的女性白领，这类人出于对形象的考虑，一般都会化全套妆容。同时，白领的消费能力也相对较高。因此，该主播在社群中推送的内容多为高端化妆品评测、化妆品品牌和相关的商品等。

在分析过程中，商家需要提炼关键点，并以此打造社群的差异性，实现精准的社群定位。

3）粉丝群权限

商家应根据粉丝不同的关注日期、在粉丝团中的级别，设置不同的粉丝群、粉丝群权限。一般来说，想要粉丝入群更精准或增强粉丝黏性，可设置比较严苛的条件，以此来筛选更加优质的粉丝。

例如，对入群条件的常用设置有"关注群主超过7天"和"关注群主超过30天"，一些商家则会比较偏向于通过粉丝在粉丝团中的级别对其进行进一步的筛选。

2. 打造社群标签，提升社群吸引力

社群标签能够明确社群定位以及社群的目标粉丝群体。例如，商家为社群打造了"服装鞋帽"的标签，那么其目标粉丝就是购买服装鞋帽的客户。在建立社群之初，商家可能不知如何打造社群标签，无法精准定位社群。商家可以从以下几个方面入手，为社群打造合适的标签。

1）易辨识

易辨识是指社群标签要清晰明确，避免语义不明。例如，"高端"这个词就非常模糊，什么是"高端"？哪些商品才算得上"高端"？"高端"一词并没有明确的衡量标准。相比"高端"这个标签，"中年大妈棉袄""运动鞋"等标签更清晰明确。

2）满足粉丝需求

能够满足粉丝需求的社群标签更具有吸引力。例如，商家可以为社群打造"胖女生

穿搭""高个子女生搭配"等标签，这样的社群标签能够直击其需求点，满足其对服装搭配的需求，吸引其加入社群。

3）和商品相匹配

商品是社群内容的主体，社群标签需要和商品相匹配。商家可以以商品为出发点，为社群打造"汉服女装""数码相机"等标签。

实践活动

观看不同类别的直播，关注主播，并加入粉丝群，观察总结各粉丝群的特点。

知识准备

6.2.2 售中客户关系管理

售中客户关系管理主要包括日常的线上直播咨询、线上订单服务、配送服务和相关的专业咨询服务，提供这些服务有利于商家维护良好的客户关系。商家可以借助直播平台的客户信息收集与分析功能，对客户进行价值分类，对不同类型的客户开展有效沟通和回访，进一步增进与客户之间的感情。对一些经常购买直播商品的客户，商家可以在平台发送相关的商品营销活动链接，给予客户更多的优惠，让利给客户。

商家可以利用互联网、大数据等技术加快建立客户数据库，或直接依托第三方公司的信息管理软件搭建良好的信息管理体系，以实现客户档案管理信息化、一体化和共享化。商家也应把现有客户、潜在客户和流失客户作为客户信息管理的对象和基础，从直播间、电话、客户服务、电子邮件等渠道获取客户信息，对客户信息进行分类分层处理，把这些数据统一反馈到中心数据库。

首先，进行现有客户数据的导入。商家主要是对获取的客户数据，如姓名、性别、历史订单、爱好等进行导入，导入数据之后进行深入提取。

其次，建立客户数据库，对客户数据进行存储。商家需要对存储在客户数据库里的数据进行一系列运算分析，包括批量处理、分级分层和分析。

再次，进入数据挖掘阶段。商家主要是通过建立数据仓库、客户关系管理系统、营销体系、市场调研系统等，加入新的数据，深入挖掘原有数据，并对数据库进行更新和再分析。

最后，进入数据可视化阶段。商家在该阶段要对原有数据分析和挖掘结果进行展示，让管理者一目了然地看到数据。如此，商家可以对自己直播间内庞大的客户数据进行科学管理。

实践活动

在抖音直播平台，建立粉丝群。

知识准备

6.2.3 售后客户关系管理

售后客户关系管理包括完善售后服务流程、保障服务质量、对客户服务人员进行激励和监督、对客户进行有效的分类。

在提高服务质量的过程中，商家需要利用对客户服务人员的激励和监督，提高客户服务人员的服务质量和水平，强化其服务能力和意识。商家应建立相关的绩效考核制度，将在线咨询客户满意度和客户投诉等作为绩效考核核心指标，设置科学合理的绩效考核标准，综合客户对咨询服务的评价、客户信息的收集、客户反馈、工作积极性、解决相关问题的能力等方面进行绩效考核，对表现好的员工进行物质激励和精神激励，对绩效考核不合格的员工进行一定的处罚，促使其继续努力。

同时，商家需要将已有客户转化为忠诚客户。商家应基于自身客户类型，对客户进行有效的分类，如把客户分为高价值客户、中价值客户和低价值客户。针对不同类型的客户，商家要采取不同的营销策略，这样才能进一步提升客户满意度。

除了发放各种礼品或优惠券，商家直接在社群中发放红包也能够有效提升社群活跃度。在社群中发放红包时，商家要掌握一些小技巧。

商家要注意发放红包的时间。一些商家会选择在白天发放红包，但白天是粉丝较为忙碌的时间段，在这个时间段发放红包难以达到提升社群活跃度的效果。发放红包较合适的时间段一般为18—22点，这时大多数粉丝结束了工作或学习，有闲暇时间关注社群信息。

商家在为粉丝发放福利时应该有所侧重，不同的粉丝对社群做出的贡献是不一样的。

如果商家给予全部粉丝同样的福利，那么对贡献大的粉丝而言是不公平的。这些粉丝是提升社群活跃度和商家销售额的主力军，商家需要考虑这些粉丝的感受。

实践活动

关注各平台头部主播，注意观察并总结他们是如何做好客户维护的。

任务评价

在学习完本任务后，参考表 6-4 和表 6-5 对本任务的完成情况进行评价。

表 6-4　学生自我评价

课程:_____ 姓名:_____ 班级:_____ 学号:_____

评价内容	自我评价		存在的问题
	我会了	我还有问题	
是否能够进行售前客户社群管理			
是否能够进行售中客户关系管理			
是否能够进行售后客户关系管理			

表 6-5　教师评价

班级		学号		姓名	
出勤情况					
评价内容	评价要点	考查要点		分值/分	得分
查阅信息	任务实施过程中文献查阅	①是否查阅信息资料		15	
		②正确运用信息资料			
互动交流	与同学交流、互动	①积极参与交流		20	
		②主动接受教师指导			
任务完成情况	是否能够进行售前客户社群管理	掌握售前维护客户社群的方法		40	
	是否能够进行售中客户关系管理	掌握售中维护客户关系的方法			
	是否能够进行售后客户关系管理	掌握售后维护客户关系的方法			

续表

评价内容	评价要点	考查要点	分值/分	得分
素质目标达成度	团队协作	根据情况，酌情赋分	25	
	自主探究	根据情况，酌情赋分		
	学习态度	根据情况，酌情赋分		
	课堂纪律	根据情况，酌情赋分		
	出勤情况	缺勤一次扣5分		
总分			100	

项目总结

本项目主要包括直播电商物流的基本知识、如何处理物流纠纷，以及售前、售中、售后客户管理的相关知识。

理实一体化习题

一、选择题

1. 国内特快专递（EMS）是（　　）较早开办的产品，主要依托自主航空网，提供高效、安全的国内城市间文件和物品寄递服务。

　　A. 中国邮政

　　B. 快递公司

　　C. 物流托运公司

2. （　　）有利于商家把控发货效率，且如果后期成本控制得比较好，在保障仓储物流的效率和准确率的前提下，运营成本也会降低。

　　A. 厂家代发货

　　B. 自建仓库发货

　　C. 第三方仓储托管代发货

3. （　　）一定要用包装盒、包装袋或纸箱来包装。

　　A. 床上用品等纺织品

　　B. 易碎品

　　C. 礼品、饰品

4. 在（　　）时，仓储人员要详细登记商品名称、商品数量、商品规格、生产厂家、送货单位、验收情况、入库时间等。

A. 入库

B. 编写货号

C. 检验商品

5. （　　）能够深化粉丝对社群的认知，也能够吸引更多粉丝进入社群。

A. 客户群

B. 社群管理

C. 社群标签

二、简答题

1. 什么是直播电商物流？

2. 中国邮政运输的基本特点有哪些？

3. 选择快递公司时商家需要注意哪些方面的问题？

4. 第三方仓储托管代发货的优点有哪些？

三、实训题

实训名称：售后管理。

实训背景：小青完成了直播后，接到了分配的新任务——售后管理，解决物流纠纷及其他订单问题。

实训目的：了解直播运营售后岗位的工作流程、职责。

实训过程：

步骤1：组建团队，讨论并任命一名小组长。

步骤2：通过小组会议，审查订单的发货情况、物流情况，并做好数据统计。

步骤3：对问题订单进行分类，分组解决问题，并记录好问题解决办法及客户满意程度（见表6-6）。

表6-6　实训记录

订单号	存在问题	解决办法	客户满意度

实训评价：在完成实训操作后，按照淘宝直播操作流程提交实训报告。指导教师按表6-7所示内容进行评价。

表 6-7　实训评价

评分内容	评价标准	分值/分	自评	师评
组建工作团队	根据需要组建团队，否则酌情扣分	10		
审查订单的发货情况、物流情况	能够有条理地审查订单发货情况，否则酌情扣分	30		
问题订单分类	能够快速、准确地对问题订单进行分类，并说明理由，否则酌情扣分	20		
解决问题并做好记录	能够合理解决问题，生成过程性文件，否则酌情扣分	40		
合计		100		
体会与收获：				
教师点评：				

项目 7

数据运营

项目综述

为了进一步提升观看量，小青决定对这一段时间的所有直播进行回看复盘，分析相关数据，列举直播过程中的不足因素，总结经验，提升直播技能，完善营销策略，提高直播效果。

（一）知识目标

1. 了解直播复盘的概念。
2. 熟悉直播复盘的内容。
3. 掌握直播复盘的常用数据指标。
4. 掌握直播复盘数据分析的方法。
5. 掌握直播复盘会议的流程。

（二）技能目标

1. 能够熟练利用直播平台工具进行数据分析。
2. 能够进行直播复盘。

（三）素养目标

1. 提高团体合作意识。
2. 养成持续学习的意识。

任务1　了解复盘知识

任务描述

开展网络直播营销已经有一段时间，小青团队积累了一定的直播前、直播中经验，为了更全面地挖掘直播营销的精髓，提升驾驭直播平台的获客能力与营销效果，于是，小青团队对直播全过程进行复盘，及时分析原因，改进直播策略，为以后的直播带货积累经验。

知识准备

7.1.1　认识直播复盘

1. 直播复盘的基本概念

1）什么是复盘

复盘，围棋术语，也称"复局"，是指对局完毕后，复演该盘棋的记录，以检查对局中招法的优劣与得失关键。"复盘"在贸易术语中，是指项目结束后，对其进行回顾和总结。为了持续提升营销效果，企业在营销活动结束后通常也要进行复盘，总结经验教训并作为下一次营销活动的参考。

2）什么是直播复盘

直播复盘，是指在直播活动结束后，主播及其团队对此次直播活动的各项数据进行回顾、分析、总结，查找差距，弥补不足，积累经验，确定后续整体直播的节奏，优化直播效果的过程。

项目 7　数据运营

2. 直播复盘的意义

直播是一个系统工程，直播过程中的每一个环节与细节都决定着一场直播的效果，所以在每一场直播后必须进行复盘，其意义在于：一是能强化目标，可以加快推进后期工作进度，以及方便对工作进行量化；二是能发现规律，通过对直播过程的优化可以使整个直播工作流程化，减少不必要的精力和时间消耗；三是有利于复制技巧，吸取成功经验并复制经验，不断提高直播能力和技巧；四是能有效地避免失误，发现失败原因，避免下次再犯，让以后的直播更成功。

3. 直播复盘的类型

一般来说，直播复盘分为单场复盘与主题复盘两种类型。

单场复盘，是指对某一场的直播进行复盘，一般是在下播后进行；主题复盘，是指对某个主题直播进行复盘，一般是在直播一段时间后，对同一主题的直播进行复盘。

实践活动

以下案例哪种属于单场复盘，哪种属于主题复盘？

（1）主播在直播结束后召集直播团队召开复盘会议。

（2）"双十一"活动结束后，企业的直播团队就"双十一"活动的营销情况进行复盘。

属于单场复盘的是：_____

属于主题复盘的是：_____

知识准备

7.1.2　明确复盘流程

1. 直播复盘的内容

直播复盘的主要内容有两个方面：一是分析核心数据，主要是利用留存率、转化率、销售额等客观数据进行复盘分析；二是总结经验教训，主要是在主观层面对直播过程进行问题剖析与经验总结，如图 7-1 所示。

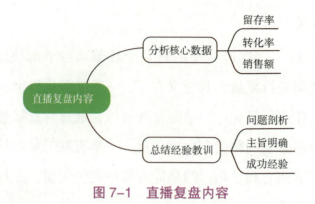

图 7-1 直播复盘内容

2. 直播复盘四步法

直播复盘通常按回顾目标、盘点事件、分析原因、总结规律四个步骤进行。

1）回顾目标

对照目标和结果。单场复盘通过陈述本次直播的成绩，对比预期与结果，找到成功与失败之处；多场直播后的主题复盘，则要回顾初衷，分析是否有效达成了开始设定的目标。

2）盘点事件

盘点亮点和不足。客观如实地重现关键事件的过程，从中汲取经验和教训，做到不夸大成功，不回避失败。

3）分析原因

分析成功和失败的主要原因。将成功的行为进一步巩固深化，使之成为可持续利用的方法论。对失败的行为则进行细致深入的分析，找出原因，制订行动计划，以便在下一次的工作中进行改进。

4）总结规律

对成功和失败事件进行总结，找到规律，并用规律指导后续的行动；但是，对复盘得出的规律要持谨慎态度，要通过质疑进行检验，不要轻易下结论，避免刻舟求剑。复盘直播事件如图 7-2 所示。

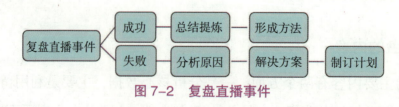

图 7-2 复盘直播事件

实践活动

淘宝某主播直播复盘会议。

某场3个多小时的带货直播,足以让人精疲力竭。接近凌晨时分,刚刚下播的某知名主播依然没有结束工作,因为有一项重要的事项在等着她。会议室里,直播团队成员就位,一场复盘会议拉开帷幕。

1. 数据回顾

3小时20分钟的直播时间,观看人次1 300万,引导进店320万人次,平均用户在线时长20分钟。

2. 失误盘点

失误1:优惠券失误。导致结果:用户体验不佳,影响销量,失误直接责任人接受处罚。原因:带货品类众多,没有进行核查。解决措施:时间置前,提前检查。

失误2:直播现场,主播找不到相关工作人员。导致结果:带货时间延误,现场出现"尬点"。原因:工作人员离开了现场,处理其他事务。解决措施:直播时,相关人员必须在现场等候。

失误3:口播用词出现失误,直播中出现的词语"24K金",国内并无相关的定义。导致结果:粉丝产生"不专业"感,且会导致"违规"。解决措施:国外商品的介绍对照国内的相关标准和规定。

3. 成果总结

在带货的七种食品中,螺蛳粉最受欢迎,点击人次达100多万次,蝉联销量第一;在生活品类的带货商品中,刚需女性用品销量排位第一,漱口水及补水膏点击量较弱,但销售转化达标;美妆品类产品,国货美妆产品超过100万次点击,排名第一,销量极佳。

4. 规律分析

带货的商品本身质量要好,带有一定的销量"底子"。当品牌已初步打开市场后,承接其带货需求,会产生较好的带货效果。同时,品牌专属链接不能改变,新链接会清空此前销量,火爆状态会削弱,尤其是小众国货商品。最后,销量火爆的商品备货要充足。

每场直播结束后进行复盘会议,将失误的经历一点点剖析、总结,并形成对策;将做得好的地方,进一步深化,推向极致。这也许就是该主播能够成为头牌主播的原因之一。

详阅案例，完成表 7-1。

表 7-1 数据回顾与分析

整体效果分析	效果指标	
	具体数据	
产品销量分析	产品类别	
	销量情况	
具体问题剖析	事故结果	
	原因分析	
	解决措施	

任务评价

在学习完本任务后，参考表 7-2 和表 7-3 对本任务的完成情况进行评价。

表 7-2 学生自我评价

课程：_____ 姓名：_____ 班级：_____ 学号：_____

评价内容	自我评价		存在的问题
	我会了	我还有问题	
是否知道直播复盘意义			
是否掌握直播复盘流程			

表 7-3 教师评价

班级		学号		姓名	
出勤情况					
评价内容	评价要点	考查要点		分值/分	得分
查阅信息	任务实施过程中文献查阅	①是否查阅信息资料		15	
		②正确运用信息资料			
互动交流	与同学交流、互动	①积极参与交流		20	
		②主动接受教师指导			
任务完成情况	是否知道直播复盘意义	掌握直播复盘的意义		40	
	是否掌握直播复盘流程	能确定直播复盘的流程			
素质目标达成度	团队协作	根据情况，酌情赋分		25	
	自主探究	根据情况，酌情赋分			
	学习态度	根据情况，酌情赋分			
	课堂纪律	根据情况，酌情赋分			
	出勤情况	缺勤一次扣 5 分			
总分				100	

任务2　分析直播数据

任务描述

接下来，需要分析直播后台的相关直播数据，找出目前直播存在的问题，并尝试解决。

知识准备

7.2.1　明确分析目标

直播数据分析是指用适当的统计分析方法对所收集的大量数据进行分析，从而提取有用信息，形成结论，并对数据进行更为详细的研究和概括总结。

1. 直播复盘数据分析的步骤

直播复盘中的一个重要内容就是对相关数据进行统计分析，其步骤主要有三个（见图7-3）。

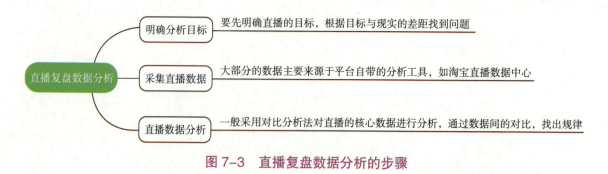

图7-3　直播复盘数据分析的步骤

2. 明确分析目标

直播数据分析的目标是把隐藏在看起来杂乱无章的直播数据中的信息集中、萃取和提炼出来，以便找出所研究对象的内在规律。那么应该如何明确数据分析的目标呢？明确数据分析目标有以下三个步骤。

1）正确定义问题

在复盘工作中，问题是指实际达成目标和计划目标之间的差距。这个差距可以是正向的，也可以是负向的。正向的差距需要提炼出方法论，负向的差距就是要明确问题所在并找出原因。

在解决问题之前，要先认清问题的本质。如果问题的定义都是错的，那么解决问题的方向可能就不对。

例如，张宝听了李大叔直播卖柑橘月入6万元的故事，心想：为什么李大叔能月入6万元？这个问题的定义，应该是关注"月入6万元"，而不是"李大叔"。也就是说，张宝想的应该是"如何实现月入6万元"，而不是"如何变成李大叔"。

2）合理分解问题

把大问题分解为小问题，问题之间不重叠、不遗漏，而且能够借此有效把握问题的核心，并成为有效解决问题的方法。

例如，李大叔如何实现月入6万元？这是一个大问题，可以进行细分。因为销售收入＝订单数×单价，订单数和单价是相互独立的，所以能把这个问题细分为：①如何实现一个月卖6 000斤柑橘？②如何实现柑橘每斤卖10元？

3）抓住关键问题

把问题进行细分以后，可能会变成很多个问题。

例如，对于一家销售型的企业来讲，如何提高营业利润？如何提高销售额？如何提高订单量？如何提高单价？如何提高转化率？如何提高流量？如何提升广告效果？如何提高客户重复购买率？如何节约成本？等等。

当问题太多时，我们要根据业务的实际情况，抓住其中关键的问题。

3. 直播数据分析常用指标

影响直播效果的指标主要有流量指标、观看指标、粉丝指标和转化指标等，如表7-4所示。

表 7-4 直播数据分析常用指标

指标	维度	释义
流量指标	浏览次数（PV）	直播间页面累计浏览次数，包括用户从详情页等返回直播间的表现
	访问用户数（UV）	直播间累计访问用户数，也包括回放
	封面点击率	直播频道页内封面点击次数/封面曝光次数
观看指标	平均观看时长	直播间内用户的平均观看时长，反映直播间内容的吸引力
	互动率	互动用户数/直播间访问用户数，互动行为包含点赞、评论、分享、关注，反映直播间互动氛围
粉丝指标	粉丝总数	直播账号累计关注粉丝数，包含直播间、主页、微淘等关注入口
	新增粉丝数	用户在直播间内的新增关注粉丝数
	转粉率	转粉率即新增关注率，新增粉丝数/直播间访问用户数，反映该场直播主播的吸粉能力
	粉丝回访率	直播间访问粉丝数/前一日账号内累计粉丝数
转化指标	商品点击次数	所选时间范围内，用户点击宝贝进入详情页或直接加购的次数
	商品点击率	直播间商品点击人数/直播间访问用户数，包含回放
	成交转化率	直播间"种草"成交人数/商品点击用户数，包含回放
	客单价	销售额/成交用户数，反映每一个用户平均购买商品的金额
	UV 价值	直播销售额/直播访客数，是直播间运营成果的核心展现，UV 价值越高，说明直播的成效越好

实践活动

计算该场直播的相关数据。

某场直播观看量是 10 538 人次，直播时长为 6 小时，访问用户数是 4 273 人，新增粉丝数是 415 人，商品点击用户数是 3 695 人，成交人数是 2 476 人，成交笔数是 1 869 笔，成交金额是 82 039 元，那么该场直播的转粉率是 ____，成交转化率是 ____，客单价是 ____，UV 价值是 ____。

某直播间的流量一直比较低，通过搞活动也不见起色，为了找出其原因，应该分析哪些相关数据？

项目 7　数据运营

7.2.2　采集数据指标

1. 淘宝直播平台的数据

目前淘宝直播主要有三种类型的数据,分别是实时直播支持、下播诊断分析和直播专项分析(见表7-5)。

表 7-5　淘宝直播数据产品

类型	作用	产品	统计范围
直播实时数据	掌握当场直播实时情况,及时调整	智能数据助理	按照场次统计,从直播开始到结束,不包含预告、回放的数据
下播诊断分析	下播后账号诊断,如何进行长期提升优化	直播诊断、用户分析、货品分析	按天统计,包括当天所有的直播、预告、回放数据
直播专项分析	针对某个专项问题提供解决方案	连麦配对、流量券	按专项内容统计,包括近90天相关数据

2. 直播实时数据

智能数据助理是提供每场直播实时数据的产品,主播可以根据实时数据的变化,及时了解直播效果和进行直播调整,实时数据入口包括计算机端和主播APP端。

1)计算机端

直播中,打开直播中控台,点击查看详细内容,即可查看实时数据。

直播结束后,打开直播中控台,单击"我的直播"选项,选择某条直播回放,查看数据详情。

2)主播APP端

直播中,打开主播APP的直播推流页面,向左滑动,即可查看直播的实时数据。

3. 下播诊断分析

打开直播中控台首页,在左侧栏的数据中心会看到直播诊断、货品分析、用户分析、连麦配对、流量券五个数据模块。

1)直播诊断

直播诊断反映一段时间的整体数据表现,并且会根据这个表现提供和同行业对比的诊断结果,主播可以由此判断账号整体的变化趋势,制订较长期的优化计划。直播诊断主要包含五个板块,分别是直播能力诊断、直播大盘、直播分场次效果、商品分场次效果和成交明细。

2)用户分析

用户分析反映直播间用户的变化情况,让主播和商家更好地分析直播间用户的波动、特征,进而优化,提升直播效果。其主要包括用户活跃度诊断、用户结构及用户画像三个板块。

3)货品分析

货品分析反映直播间的货品成交情况,并且对货品结构优化提出建议。其主要有货品诊断、直播商品总览、直播商品榜单和用户货品洞察需求四个板块。

知识拓展

除了平台方自带的数据工具,我们还可以利用一些第三方工具进行查询。使用第三方工具的好处是可以查询其他主播的数据,以及最近卖得最好的几款产品及其佣金比例等。

1. 萤火数据

萤火数据是一款专门为淘宝直播服务的数据分析平台,可以用来查询实时数据、大盘数据、暴涨榜单、排名查询等。登录时,需要用微信搜索并关注"萤火数据"公众号,然后单击"进入公众号—萤火数据—首页推荐"选项。

2. 知瓜数据

知瓜数据是一款数据分析监测云平台,可以对淘宝直播进行转化量分析、粉丝互动分析、粉丝画像分析等,也提供了主播销量榜、爆款商品榜、MCN(多频道网络)排行榜等各类电商直播的相关榜单。

3. 飞瓜数据

飞瓜数据可以为短视频和直播电商提供数据分析服务,并且设有抖音版、快手版、B站版等,用户可以根据自己的实际情况选择相应的服务。

项目 7　数据运营

实践活动

打开淘宝直播数据中心，查找并写出表 7-6 中直播指标的含义。

表 7-6　直播指标的含义

直播指标	含义
观看次数	
直播间浏览次数	
封面点击率	
平均观看时长	
新增关注率	
商品点击率	
成交转化率	

任务评价

在学习完本任务后，参考表 7-7 和表 7-8 对本任务的完成情况进行评价。

表 7-7　学生自我评价

课程：_____　姓名：_____　班级：_____　学号：_____

评价内容	自我评价		存在的问题
	我会了	我还有问题	
是否能够明确直播数据的分析目标			
是否能够自行采集数据指标			

173

表7-8 教师评价

班级		学号		姓名	
出勤情况					
评价内容	评价要点	考查要点		分值/分	得分
查阅信息	任务实施过程中文献查阅	①是否查阅信息资料		15	
		②正确运用信息资料			
互动交流	与同学交流、互动	①积极参与交流		20	
		②主动接受教师指导			
任务完成情况	是否能够明确直播数据的分析目标	掌握确定分析目标的三个步骤		40	
	是否能够自行采集数据指标	掌握在不同平台采集数据的方法			
素质目标达成度	团队协作	根据情况，酌情赋分		25	
	自主探究	根据情况，酌情赋分			
	学习态度	根据情况，酌情赋分			
	课堂纪律	根据情况，酌情赋分			
	出勤情况	缺勤一次扣5分			
总分				100	

项目 7 数据运营

任务3 总结直播经验

任务描述

通过数据分析,一方面找到了数据中反映的问题,这是客观原因;另一方面,还需要找到主观原因。通过召开复盘会议,回顾整个直播过程,讨论成功与失败的成因,找到规律和经验,确保以后的直播保持良好的效果。

知识准备

7.3.1 准备复盘会议

1. 复盘会议成功技巧

成功主持一场复盘会议,要做好会议前、会议中、会议后三个方面的工作。

1)会议前

复盘前,我们需要注意以下六个关键事项。

第一,明确参会人员能参会,负责人一定要全程参与,除了负责人必须参加外,所有相关人员最好全部参加,必要时也可邀请客户参会。

第二,环境必须是封闭式的,保证在讨论时,声音不会传到外边,尽量营造一个有安全感的环境。

第三,尽量营造一种轻松、愉悦的氛围。可事先准备一些零食、水果、咖啡,让参会人员轻松表达。

第四,务必预约好复盘地点,而不是临时寻找地点。

第五,时间也是一个关键的要素。应事先和每位参会人员约定好具体的时间,以确保大家都能顺利参会，同时也可使大家对会议有所期待和准备。

第六，准备会议资料。一般简短的复盘会议是负责人准备资料，而主题复盘则需要与各部门负责人商量，列出准备清单，提前发一些复盘的作业，让大家协助准备。

2）会议中

复盘会议过程中，复盘负责人应熟练掌握一些基本的行动学习与沟通的工具和方法，如团队共创法、头脑风暴法等，在不同的场合选择适当的工具和方法。同时，要注意控制复盘会议的时间。

3）会议后

复盘后，要做的工作主要是协助推进和落实。复盘责任人不仅要确保复盘过程的顺利实施，还要确保复盘结果的落地。复盘责任人要协助部分负责人，就计划制订、任务跟踪、事后访谈以及相关技术咨询等方面做好辅助工作。

2. 直播复盘工具

直播复盘工具有"人机料法环"、团队共创法及"五问法"。

1）"人机料法环"

直播活动过程中的管理属于现场管理，因此可以参考现场管理的"人、机、料、法、环"五个因素，进行全面总结（见图7-4）。

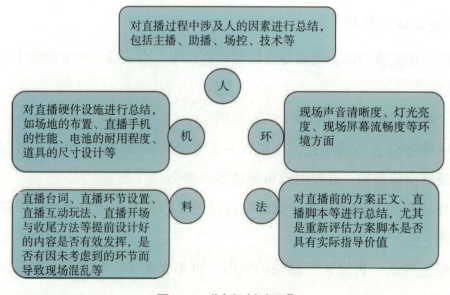

图7-4 "人机料法环"

2）团队共创法

团队共创法是一种使群体能够迅速达成共识的促动技术。

第一，聚焦主题。明确本次研讨需要回答的问题是什么。在复盘会议中，在评估结果之后，首先结合"人机料法环"来聚焦每一个主题。比如，首先从"人"的角度去思考，销售业绩下滑和哪些人有关系，分别是怎样的关系等。其次从"机"的角度去分析销售业绩下滑与资源投入的关系，以此类推，直至几个因素全部分析完毕。最后聚焦造成业绩下滑的主要原因。

第二，集体讨论。这个环节要求每个人都认真思考，并积极地提出自己的想法和意见。每个人把自己的想法写在便笺纸上，每张便笺纸写一条，尽可能多地写出你对某一问题的看法。

第三，分类排列。当每个人都提出了自己的想法后，接下来就要对自己的想法进行阐述。同时，需要将同类型的想法进行梳理合并。

第四，提取思想。这个环节，主持人需要带领参与者去发现每列卡片共同表达的是什么，隐藏在不同想法背后的真正含义是什么，然后提取中心词。

第五，总结归纳。这一环节是把每列的新想法结构化的过程，通过创造出一个合适的图像来反映各列新想法之间的关系，确定在问题解决过程中不同新想法所起到的作用。

3）"五问法"

"五问法"是探索问题原因的方法。对一个问题点连续以五个"为什么"来自问，直到问题的根源被确定下来。在应用此分析法时，可以不限定只做五个"为什么"的探讨，有时可能只需要三个，而有时也许要十个。

"五问法"实际上是一种通过连续提问来确定问题发生的根本原因的方法，关键所在是避开主观的假设和逻辑陷阱，通过原因调查，沿着因果关系链条顺藤摸瓜，穿越不同的抽象层面，找出问题的根本原因。

实践活动

1. 复盘一场公益直播，分析其优缺点

步骤1：四人为一组，通过网络搜索一场公益带货直播，观看并分析这场直播活动。

步骤2：复盘该场直播的过程，分析其优点和缺点。

步骤3：将讨论结果填入下面横线处，完成后派一名代表分享小组观点。

（1）直播优点：_____

（2）直播缺点：_____

2. 运用团队共创法，对直播中的某一个问题进行研讨

步骤 1：以四人为一组组建团队，选定一人为小组长，准备一张空白 A3 纸，若干便利贴。

步骤 2：通过小组讨论，确定研讨的主题，将该主题写在 A3 纸上。

步骤 3：组长将便利贴分给大家，请大家用 5 分钟的时间进行头脑风暴，并将对问题的思考结果写在便利贴上。每个便利贴上写一个，每人至少写五张；

步骤 4：组长收集大家的便利贴后，一边念出纸上的文字，一边将便利贴进行归类。在做分类排列的过程中，组长不要主导大家卡片应该怎么排列，仅需要念出卡片的内容，然后请大家一起决定应该归入哪一列或是单独成列；

步骤 5：所有卡片成列后，进入提取中心词的环节，一般从卡片最多的一列开始。中心词提取要注意：第一，中心词能够回答主题，并涵盖该列的所有想法；第二，中心词在六个字左右；第三，如果是回答诸如"如何"等内容，中心词需要有动词；第四，中心词不能与该列卡片中某一张完全相同，而需要能涵盖其内容。

步骤 6：整理研讨结果。

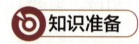
知识准备

7.3.2 召开复盘会议

开展直播复盘会议主要有三个阶段，分别是会前准备、召开会议和记录整理。

1）会前准备

明确复盘主题： 对什么事项进行复盘，明确复盘的目的与预期成果。

明确时间地点： 提前确定开会的时间与地点。

明确参会人员： 提前确认好参会人员，确保关键人员准时到会。

确定复盘负责人： 复盘负责人最好是与复盘没有直接利益关系的人，且必须了解复盘事项。

准备会议资料： 要指定人员对复盘会议所需的各种资料进行汇总，如计划方案、直播脚本、产品信息、数据分析报告，以及其他与目标、过程和结果相关的参考资料。

2）召开会议

会议介绍：简明扼要地介绍复盘会议的主题、范围，以及活动或项目的背景、分工、进度等信息，使大家信息一致，便于后续讨论。

直播概况：关注直播大盘数据，与预期目标进行对比分析。

盘点事件：回顾直播过程中的"人机料法环"等方面，罗列操作过程中的关键事件。

结果分析：通过数据分析、人员反思、团队讨论，分析成功与失败的原因。

总结经验：通过分析，提炼出有价值的经验与教训。

3）记录整理

整理复盘研讨成果。将对关键问题的分析、提炼的经验与教训、反思发现、行动计划以及改进建议等整理成册，便于查阅和重复使用。

实践活动

根据直播复盘会议流程，对最近一场直播召开复盘会议，完成直播复盘会议记录（见表7-9）。

步骤1：组建直播复盘小组，讨论选择并任命一名小组长。

步骤2：通过小组会议，确定直播复盘主题，小组长根据成员情况进行分工。

步骤3：小组长组织召开复盘会议，参会人员积极发言讨论。

表7-9 直播复盘会议记录

要点	内容
时间	
地点	
主持人	
记录人	
参会人员	
直播概况	

续表

要点	内容
盘点事件	
分析原因	

任务评价

在学习完本任务后，参考表 7-10 和表 7-11 对本任务的完成情况进行评价。

表 7-10　学生自我评价

课程：_____ 姓名：_____ 班级：_____ 学号：_____

评价内容	自我评价		存在的问题
	我会了	我还有问题	
是否能够独立准备复盘会议			
是否能够成功召开复盘会议			

表 7-11　教师评价

班级		学号		姓名	
出勤情况					
评价内容	评价要点	考查要点		分值/分	得分
查阅信息	任务实施过程中文献查阅	①是否查阅信息资料		15	
		②正确运用信息资料			
互动交流	与同学交流、互动	①积极参与交流		20	
		②主动接受教师指导			
任务完成情况	是否能够独立准备复盘会议	掌握复盘会议的基本要求		40	
	是否能够成功召开复盘会议	掌握召开复盘会议的流程			
素质目标达成度	团队协作	根据情况，酌情赋分		25	
	自主探究	根据情况，酌情赋分			
	学习态度	根据情况，酌情赋分			
	课堂纪律	根据情况，酌情赋分			
	出勤情况	缺勤一次扣 5 分			
总分				100	

项目 7 数据运营

项目总结

本项目是直播电商运营的重要内容之一。通过本项目的学习，同学们要掌握直播复盘的概念、意义、类型、流程和内容，了解直播复盘的数据分析指标，掌握直播复盘工具的使用方法，同时通过实践开展直播复盘会议，提升复盘工作技能和素养，为今后的学习和就业打下理论基础，做好技能准备。在直播复盘实训活动中，强化同学们客观求实的学习态度，培养精益求精的敬业精神，激发技能助农的公益意识。

理实一体化习题

一、单项选择题

1.（　　）主要是给各位主播提供每场直播实时数据的产品，主播可以根据实时数据的变化，及时了解直播效果和进行直播调整。

　　A. 直播诊断

　　B. 智能数据助理

　　C. 货品分析

　　D. 用户分析

2. 下面（　　）不是淘宝直播的数据产品。

　　A. 直播诊断

　　B. 用户分析

　　C. 货品分析

　　D. 直播分析

3. 以下公式不正确的是（　　）。

　　A. 封面点击率 = 直播频道页内封面点击次数 / 封面曝光次数

　　B. 转粉率 = 互动用户数 / 直播间访问用户数

　　C. 互动率 = 互动用户数 / 直播间访问用户数

　　D. UV 价值 = 直播销售额 / 直播访客数

4.（　　）反映直播间用户的变化情况，让主播和商家更好地分析直播间用户的波动、特征，进行优化。

　　A. 直播诊断

　　B. 用户分析

C. 货品分析

D. 直播分析

5. 以下不属于分析直播用户指标的是（　　）。

A. 累计粉丝数

B. 粉丝回访率

C. 封面点击率

D. 直播间新增粉丝数

二、简述题

1. 简述什么是直播复盘。

2. 简述为什么要进行直播复盘。

3. 简述如何进行直播复盘。

4. 简述团队共创法的五个步骤。

5. 简述成功开展直播复盘会议的技巧。

三、实训题

实训名称：召开直播复盘会议。

实训背景：小青进行了一段时间的扶贫助农直播后，发现效果不是很理想，销售业绩一直比较低，需要分析其原因并制订策略。

实训目的：复盘直播过程，找出问题，分析原因，总结经验教训，提升直播技能，提高直播效益。

实训过程：

步骤1：组建直播复盘小组，选出一名小组长。

步骤2：通过小组会议，确定直播复盘主题，明确复盘前的准备工作，小组长根据成员情况进行分工（见表7-12）。

表7-12　直播复盘任务分工

序号	工作任务	成员	团队职位	成果形式
1	组织和主持会议，准备好会议流程，结束后对会议研讨结果进行整理		负责人	会议议程 会议总结报告
2	提前整理好复盘内容		参会人员	问题分析表
3	对相关直播数据进行分析		数据分析员	数据分析报告

步骤3：根据制订的复盘主题，明确复盘的项目内容，做好会议计划。

步骤4：数据分析员对复盘的直播数据进行分析，完成直播复盘数据分析（见表7-13）；其他参会人员提前整理思路，完成复盘问题分析（见表7-14）。

表7-13 直播复盘数据分析

序号	日期	直播标题	直播异常	整体概况					粉丝情况			成交情况			
				直播时长	观看量	浏览次数	访问用户数	平均观看时长	互动率	新增粉丝数	转粉率	粉丝回访率	成交金额	成交转化率	客单价	UV价值
数据波动情况															
分析表现好的原因															
分析表现不好的原因															

表7-14 复盘问题分析

目标			
结果			
分析	因素	问题	对策
	人		
	机		
	料		
	法		
	环		

步骤5：小组长根据议程组织复盘会议，参会人员积极发言讨论，记录人进行记录。

步骤6：整理会议总结报告（见表7-15），得出结果并付诸行动。

表 7-15　直播复盘会议总结报告

主题：		
负责人：	时间：	
参会人员：		
回顾目标		
盘点事件		
做得好的		
做得不好的		
分析原因		
成功原因		
失败原因		
总结经验		

实训评价：在完成实训操作后，按照淘宝直播操作流程提交实训报告。指导教师按表 7-16 所示内容进行评价。

表 7-16　实训评价

评分内容	评价标准	分值/分	自评	师评
组建直播复盘小组	根据需要组建团队，否则酌情扣分	10		
确定直播复盘主题，明确复盘前的准备工作，小组长根据成员情况进行分工	能够正确指出复盘主题并进行合理分工，否则酌情扣分	20		
明确复盘的项目内容，做好会议计划	能够准确复盘项目并做好规划，否则酌情扣分	20		
进行数据分析	能够正确分析数据，完成问题分析表，否则酌情扣分	30		
整理会议总结报告	能够整理出会议总结报告，否则酌情扣分	20		
合计		100		

续表

体会与收获:
教师点评:

参 考 文 献

[1] 韦亚洲,施颖钰,胡咏雪. 直播电商平台运营[M]. 北京:人民邮电出版社,2021.

[2] 赵海建. 直播带货:零基础学做电商主播[M]. 北京:化学工业出版社,2022.

[3] 马骁骁. 直播电商:理论、运营与实操[M]. 北京:电子工业出版社,2022.

[4] 张盈. 直播电商基础与实务[M]. 北京:人民邮电出版社,2023.

[5] 陈萍,严芷玥,李建霖. 直播电商运营实务[M]. 北京:水利水电出版社,2021.

[6] 人力资源社会保障部教材办公室. 电商直播[M]. 北京:中国劳动社会保障出版社,2020.